Mentor Coaching en acción

DAMIÁN GOLDVARG
NORMA PEREL DE GOLDVARG

Mentor Coaching
en acción

Feedback efectivo para un Coaching exitoso

GRANICA

ARGENTINA - ESPAÑA - MÉXICO - CHILE - URUGUAY

© 2016 *by* Ediciones Grarica S.A.

ARGENTINA
Ediciones Granica S.A.
Lavalle 1634 3º G / C1048AAN Buenos Aires, Argentina
granica.ar@granicaeditor.com
atencionaempresas@granicaeditor.com
Tel.: +54 (11) 4374-1456 Fax: +54 (11) 4373-0669

MÉXICO
Ediciones Granica México S.A. de C.V.
Valle de Bravo N° 21 El Mirador Naucalpan Edo. de Méx.
(53050) Estado de México - México
granica.mx@granicaeditor.com
Tel.: +52 (55) 5360-1010 Fax: +52 (55) 5360-1100

URUGUAY
granica.uy@granicaeditor.com
Tel: +59 (82) 413-6195 FAX: +59 (82) 413-3042

CHILE
granica.cl@granicaeditor.com
Tel.: +56 2 8107455

ESPAÑA
granica.es@granicaeditor.com
Tel.: +34 (93) 635 4120

www.granicaeditor.com

ISBN 978-950-641-882-3

Hecho el depósito que marca la ley 11.723

Impreso en Argentina. *Printed in Argentina*

Goldvarg, Damián
    Mentor Coaching en acción : Feedback efectivo para
un Coaching exitoso / Damián Goldvarg ; Norma Perel de
Goldvarg. - 1a ed. - Ciudad Autónoma de Buenos Aires :
Granica, 2016.
    240 p. ; 22 x 15 cm.

    ISBN 978-950-641-882-3

    1. Coaching. I. Perel de Goldvarg, Norma II. Título
    CDD 158.1

ÍNDICE

Parte 1
FUNDAMENTOS DEL TRABAJO DEL MENTOR COACH

Parte 2
LAS SESIONES DE MENTOR COACHING Y SUS ANÁLISIS

Parte 3
DOCUMENTOS Y RECURSOS PARA MENTOR COACHES

AGRADECIMIENTOS

El libro que usted tiene hoy en sus manos es el resultado de un trabajo en equipo en el que graduados del programa de Certificación de Mentor Coaching ofrecido por el Goldvarg Consulting Group se reunieron para transcribir y analizar sesiones; y, a su vez, la certificación es el resultado de la experiencia surgida tras ofrecer Mentor Coaching virtual grupal e individual por más de seis años a cientos de coaches de América Latina y España que prestan servicios en más de diez países.

Queremos, en primer lugar, agradecerles a todos los coaches que participaron en la Certificación de Mentor Coach que coordinamos los autores desde el 2014. La mayoría son líderes en el área de la industria y han sido reconocidos por su contribución al Coaching profesional. Se trata de aproximadamente cien coaches de diferentes países que intervinieron divididos en diez grupos. Entre ellos, contamos con colaboradores de España, Portugal, Estados Unidos, Chile, Colombia, Perú, México, Uruguay, Venezuela, Costa Rica, República Dominicana, Puerto Rico y Argentina. Algunos participaron activamente en el libro, y los demás lo hicieron con sus aportes, su apertura al aprendizaje, su entrega y su vulnerabilidad puesta en juego en cada sesión de Mentor Coaching, al exponerse frente a sus prestigiosos colegas.

Queremos agradecerle también a Laura Zuvanic, que tuvo un rol clave en la elaboración del modelo de Competencias de Mentor Coaching, integrando junto con Damián la información de las catorce entrevistas realizadas a reconocidos mentor coaches de Latinoamérica y España que permitieron el desarrollo del modelo.

A Concepción Caparrós, Cristina Oneto y Teresa Estremadoyro, que coordinaron acciones con sus diferentes equipos para transcribir y analizar los cuatro casos presentados y a todos los colaboradores de los tres equipos: Alicia María Agüero, Maria Alaña, Viviana Autran, Mary Carmen Castro, Carlos Flores, Matilde Leal, Tani Sturich, Nancy Tylim, Susie Warman y Laura Zuvanic.

A los colegas que nos apoyaron en el desarrollo de estos grupos de certificación, especialmente a Elena Espinal, en México, y Silvia Guarnieri, en España.

A nuestros colegas y maestros, Janet Harvey, MCC; Ginger Cockerham, MCC; Eduardo Vier, MCC; y Lidia Muradep, MCC, porque fueron modelos y fuente de inspiración para el desarrollo de un esquema de trabajo.

A Pablo Puente, editor de nuestros libros, por su paciencia infinita.

A todos aquellos que no nombramos, pero que estuvieron presentes a la hora de aportar comentarios, correcciones y agregados a los capítulos de este libro.

Norma quiere agradecerle a Damián por haberle dado la posibilidad de compartir la coordinación de estos grupos, porque esto la ayudó a producir una apertura a diferentes culturas y costumbres, y, a la vez, a continuar con un aprendizaje transformacional que no tiene fin, tanto a nivel profesional como personal.

Damián quiere agradecerle a Norma, su madre, por acompañarlo en este viaje de aprendizaje y contribución a la práctica del Coaching profesional, por su cariño, su apoyo, su respeto profesional y la capacidad de trabajar en armonía, cocreando con la flexibilidad, el compromiso y la disciplina que hicieron posible, hasta la fecha, la publicación de dos libros y el acompañar a cientos de coaches en su desarrollo profesional.

Buenos Aires, 17 de agosto del 2015

PRÓLOGO I

Los seres humanos creamos nuevas prácticas cuando las viejas prácticas de un determinado dominio ya no dan respuesta a los nuevos quiebres e inquietudes que emergen en él. El Coaching nace para hacerse cargo de una crisis inmensa en la epistemología de nuestro tiempo: nuestra atención y nuestras prácticas de aprendizaje están casi exclusivamente enfocadas en el conocimiento del mundo exterior, desvinculándolo, separándolo de nuestro mundo interior. Aprendemos mucho del mundo mientras separamos del mundo a quien aprende.

Por mucho tiempo hemos buscado la efectividad como uno de los objetivos centrales del saber. Buscamos saber para predecir y controlar, obsesionados con lograr y producir más, creyendo que eso nos llevará a la satisfacción, al bienestar, a la felicidad. Como dice William Greider: "*Más es lisa y llanamente la expresión de cómo hemos definido la búsqueda de la felicidad*".

Por supuesto que no hay nada malo en querer ser más efectivos. Sin embargo, la efectividad en sí misma no puede ser un objetivo, no puede estar ajena a la búsqueda de una vida plena, ajena a nuestros valores, al sentido de la vida, a nuestro deseo de servir o al amor por nuestra Tierra.

Por más de treinta años he formado coaches en distintos continentes, en distintos idiomas, en distintas culturas. Durante esos años he sido testigo del cansancio y del dolor de miles de personas que, habiendo logrado ser muy productivas, independientemente del nivel de sus ingresos, descubrían una enorme nostalgia por algo que no podían articular: plenitud en el vivir.

Epicuro decía que hay tres cosas que un ser humano necesita para ser feliz: primero, sentirse parte de una comunidad de amigos; segundo, la libertad, experimentar que su vida y sus opciones están en sus manos; y tercero, una vida reflexiva, donde haya tiempo para ponderar hacia dónde va el ser y qué es importante en su existencia.

Con esas simples palabras, este sabio pareciera hablarnos a los coaches del mundo. Nos invita a mirar hacia donde hemos olvidado mirar durante la Modernidad, creyendo que saber es solamente acumular información, desarrollar tecnologías e incrementar nuestra efectividad laboral, y nos invita, también, a reflexionar sobre la extraordinaria tarea que los coaches tenemos en nuestras manos.

Peter Drucker se refería a todo esto diciendo: "Cada pocos cientos de años, en la historia de Occidente ocurre una aguda transformación. En unas pocas décadas, la sociedad –su visión del mundo, sus estructuras sociales y políticas, su arte, sus instituciones claves– se reajustan a sí mismas. Nosotros estamos viviendo uno de esos momentos".

El Coaching surge en medio de una de esas agudas transformaciones, al término de una era; y dentro de esa transformación tiene un rol muy importante. El Coaching ha nacido para generar un aprendizaje integral, ha surgido para que nuestro saber nos haga volver a entender que somos parte de un todo, que no estamos separados del mundo o unos de otros; y además, para mirar nuestras dicotomías –cuerpo y alma, materia y espíritu, objetivo y subjetivo– no como categorías absolutas sino como parte de una interpretación del mundo que tiene solo algunos siglos de existencia.

Muchos pensadores –Goethe, Schiller, Hegel, Steiner, Kant, entre otros– ya nos hablaron de esto, diciéndonos que la relación de la mente humana con el mundo no es dualista sino participativa.

No existe Coaching poderoso sin una reflexión sobre el momento en que estamos inmersos, sobre las presuposiciones básicas de nuestra actualidad (que –es muy importante señalarlo– nos resultan invisibles sin esa reflexión), porque, al estar conscientes de ellas, nos permiten elegir más allá de los preconceptos. No importa el tópico que nuestro coachee haya elegido: relaciones laborales, deseo de cambio profesional, situaciones familiares o dificultades económicas, por ejemplo; en cualquier caso, nuestra tarea, como coaches, es generar esas reflexiones en las cuales nuestro coachee pueda mirar cómo mira, entender cómo entiende, desarrollar "nuevos ojos" y, por lo tanto, encontrar un mundo con nuevas posibilidades y nuevas acciones que realizar.

Para mí el Coaching ha sido un regalo inmenso que me ha dado la vida. Me ha permitido servir a miles de personas y aprender de todas ellas. Me ha regalado la posibilidad de mirar nuestro saber como una particular manera de saber en un momento particular de la historia humana y no como la única forma de saber. Por ello miro esta profesión desde una perspectiva histórica y la aprecio enormemente como una contribución en estos difíciles momentos.

Este libro, *Mentor Coaching en acción*, escrito por Damián Goldvarg, Norma Perel y varios colaboradores, se propone dar respuesta a una inquietud central derivada del surgimiento y la expansión del Coaching en el mundo: cómo preparar a aquellos que enseñan Coaching, los mentor coaches. De más está insistir en la importancia de esta tarea.

Tal como dicen los autores, "este libro persigue los objetivos de explicar cómo funciona el Mentor Coaching, presentar estrategias para desarrollar habilidades, presentar un nuevo modelo de competencias y exhibirlo en funcionamiento en cuatro casos puntuales". Es decir, el objetivo es claro y ambicioso, consistente con la inmensa tarea del Coaching mismo.

El libro es riguroso, metódico y consistente con las directivas profesionales de la ICF. Está lleno de ejemplos e invitaciones a prácticas que nos ayudarán a incrementar nuestras competencias como coaches. Nos hace sentir a cada paso la gran responsabilidad que conlleva este aprendizaje.

Su lectura permite que distingamos claramente entre un coach y un consultor, un profesor, un consejero o un entrenador. Agrega, además, la distinción de mentor, y con ella nos invita a una nueva expansión profesional.

Gracias Norma, gracias Damián y gracias a todos los colaboradores que participaron en la escritura de este libro. Es un paso más en la generación de materiales de estudio para nuestros coaches y mentores.

Para mí es muy grato, mi querido Damián, haberte tenido como un estudiante en mis programas de formación de coaches y verte crecer profesionalmente.

JULIO OLALLA
Presidente
Newfield Network

PRÓLOGO II

Desde el siglo VIII a. C., la humanidad viene aprendiendo a aprender, valiéndose para ello de mentores. Méntor es el nombre del consejero de Telémaco, en *La Odisea*, escrita por Homero. En esa obra épica, Odiseo y Ulises son la misma persona, que habita en Ítaca, donde Ulises es rey, y Telémaco, su hijo. Al terminar la guerra de Troya, Ulises comienza su viaje de regreso, que dura veinte años, y deja en manos de Méntor a Telémaco, para que lo eduque, y también a Penélope, su esposa, para que la cuide de tentaciones amorosas. El nombre del pedagogo proviene de la combinación de dos sufijos: "*men*", que significa "el que piensa"; y "*tor*", que hace referencia a lo masculino (en femenino terminaría en "*trix*").

Méntor es representado en *La Odisea* como un gran observador, consejero, tutor y modelo. Nunca busca ocupar el rol de Ulises, de padre, sino que más bien quiere ser apoyo y guía para que Telémaco desarrolle sus habilidades. Méntor no le da clases a Telémaco, no le inculca nada, ni fuerza que su conocimiento sea el que prevalezca, sino que utiliza conversaciones para que el príncipe aprenda. En esos diálogos, Méntor muestra lo que busca conseguir como resultado, desde la palabra, y también desde su conducta austera y pacífica.

Sin embargo, el personaje de Méntor es mejorado en la literatura francesa del siglo XVIII, donde tiene un mayor protagonismo gracias a la pluma de François Fénelon. Allí,

Méntor cumple con un rol preponderante y es descripto con el mayor detalle su trabajo como tutor del nieto de Luis XIV. En su crítica constante y solapada a la lujuria y la injusticia, Fénelon da a Méntor un papel fundamental: el de guía a través del camino de la sabiduría.

Es bueno recordar que Méntor es, en ambos casos, una de las formas de encarnación de Minerva, diosa de la Sabiduría.

Estas historias nos relacionan de manera directa con el origen del trabajo de un mentor y con su magia. En efecto, para que la labor didáctica pueda cumplirse, se requiere de alguien interesado en formarse: un aprendiz que esté dispuesto a entregarse con confianza, en el marco de un proceso que trasciende y transforma la manera de observar y las competencias.

Por otro lado, recordemos que en la Edad Media se aprenden los oficios a través de los sindicatos, que permiten que los maestros tengan aprendices; y que aún hoy, profesiones y especialidades comparten este modelo de aprendizaje.

No podía dejar de rozar, esta metodología, el arte del Coaching, que es una profesión en pleno proceso de consolidación a nivel mundial. Una profesión que, desde hace unos años, se define a partir de haber distinguido competencias y niveles de experiencia, y que ahora va completándose con el agregado de la mentoría y la supervisión como herramientas diferentes y complementarias para el desarrollo de las habilidades profesionales.

Un mentor trabaja desde el amor y la generosidad, buscando el desarrollo pleno de las habilidades de su *mentee*. El mentor tiene, sobre todo, fe en que podrá lograr un mejor nivel de competencia a través del apoyo, el estímulo, la corrección, la escucha, la conversación, el aliento.

Un o una *mentee* trae el compromiso de un aprendizaje, se inspira en la posibilidad de superarse a sí mismo, confía en su mentor y lo escucha, comprendiendo la intención pedagógica y de servicio, y poniendo su intención de aprendiz con el norte hacia el logro claro.

El proceso requiere de una relación íntima, poderosa y basada en la confianza. Se trata de una sociedad creada para el crecimiento y la superación. No es una relación fácil, porque el aprendizaje no está solo en la reafirmación de lo que ya existe en el acervo del *mentee*, sino en traer lo que no está, lo que falta; y para que esto se dé es necesaria la disposición a soltarse de lo que se sabe, y muchas veces, a poner en juego los propios juicios sobre la identidad personal.

Este libro está escrito por mentores que vienen, desde el corazón, a compartir en detalle lo que saben, para formar y criar una nueva estirpe de mentores que asistan en el proyecto de la consolidación de la profesión. Es un texto que contiene todos los elementos necesarios: desde la descripción de las competencias, hasta el análisis de sesiones de Coaching enfocadas desde el mentor.

Damián es un exquisito mentor, que parece tallar con dedicación y pulcritud los detalles que acercan a la excelencia. Norma es la artesana sabia que trae al juego el candor en la escucha. Ambos, generosamente convocaron a la comunidad de mentores formados por ellos para trabajar juntos y armar este libro, que, sin duda, será de consulta y de cabecera.

Como siempre, es un honor, un privilegio, compartir estos espacios con Damián, con Norma y con los otros coaches de habla hispana. Nos encontraremos en las páginas del libro, en sus intervenciones y en la generosidad que destila, para engrandecernos.

ELENA ESPINAL
Master Certified Coach (ICF)
Master Coach y Miembro Honorario de la
Asociación Argentina de Profesionales del Coaching
Master en Patología y Licenciada en Psicología
Dirige TeamPower

PRÓLOGO III

Si quieres vivir una vida feliz, átala a una meta.
Albert Einstein

En el año 2010, las once competencias de Coaching que avala la International Coach Federation tocaron a mi puerta de la mano de Damián Goldvarg, y revolucionaron el hacer y el enseñar del Coaching.

¿Por qué ese hecho resultó y resulta aún hoy tan influyente? Porque brinda una sistematización, un paso a paso. Desafía a incorporar una mirada exhaustiva sobre el proceso, y pone el foco en el rol y las habilidades del coach, a la vez que genera un modelo de Coaching cuyo objetivo final es la eficiencia puesta al servicio del cliente.

Entrenamos duro para aprender estas, por entonces, novedosas reglas de juego, y aplicar los estándares de excelencia que propone la ICF. ¿Qué cambió? Lo que sucedió fue que la ICF y las once competencias vinieron a establecer las metas a las que "atamos" nuestro quehacer profesional; y tal como lo anuncia Albert Einstein en la frase que elegí para iluminar estas líneas, los coaches conocimos un nuevo disfrute, una satisfacción profunda relacionada con el logro, sin vanidades, aunque plena en resultados que benefician a quienes requieren nuestros servicios. En definitiva, lo que sucedió, y sigue sucediendo, es que los coaches nos conectamos, a partir de ese momento, con la felicidad y la pasión que provienen del ejercicio de esta profesión diseñada para alcanzar metas.

Después llegaron las *Competencias de coaching aplicadas*, obra en la que Norma y Damián describen y explican las once competencias, y entregan su experiencia como coaches y la obtenida como proveedores de este nuevo aprendizaje.

A partir de ese momento, era cuestión de tiempo que apareciera esta idea que hoy se materializa en *Mentor Coaching en acción*, que tengo el honor de prologar.

Son ya cientos los profesionales acompañados y formados por estos dos coaches y amigos, tal como lo hizo Méntor con Telémaco allá cuando nació el mentoring, en *La Odisea*, texto que no puedo dejar de invocar porque este libro de Norma y Damián conserva aquella mística en el desempeño de un rol que pasa casi inadvertido en cuanto a su protagonismo, pero que deja huellas imborrables en la orientación y la guía del coach.

En *Mentor Coaching en acción*, el mentor es un potenciador de habilidades y un desarrollador de competencias que conoce y maneja con impecabilidad el arte de la retroalimentación, y pone a disposición del coach su sabiduría, su capacidad de observación y su profundo sentido ético de la práctica profesional. Este libro, de mucho valor para estudiantes y profesionales del Coaching que quieran seguir desarrollándose en nuestro ámbito, incluye una descripción minuciosa y profunda de las mejores prácticas, y ayuda a crecer a partir del aprendizaje de distinciones y estrategias, lo que permite llegar a los estándares de más alto nivel de competencias y contribuye al desarrollo profesional del Coaching a nivel global.

Hoy me toca presidir el capítulo argentino de la International Coach Federation, y esto refuerza mi compromiso y mi responsabilidad como coach y como mentora, y desde el lugar que ocupo quiero presentar el libro de Norma y Damián, porque en él encuentro una nueva promesa de excelencia, algo que viene siendo una constante en ellos, su marca, su misión, y que genera una nueva meta para los coaches, pero también genera mucho más, porque, ya lo sabemos: ata tu vida profesional a una meta y encontrarás la felicidad.

LIDIA MURADEP
Presidenta del cap. Arg. de la ICF, años 2013-2015
MCC - Master Coach Certificada por la ICF
Mentor Coach Certificada
Trainer internacional en PNL
Directora de la Escuela Argentina de PNL y Coaching

Parte 1

Fundamentos del trabajo del mentor coach

CAPÍTULO 1

¿QUÉ ES EL MENTOR COACHING?

Introducción

Nuestro compromiso con el desarrollo profesional del Coaching en Latinoamérica empezó en el año 2009, al ofrecer mentoring individual y grupal con el objetivo de apoyar a nuestros colegas de la región para familiarizarse con el modelo de competencias de Coaching y obtener sus credenciales en la International Coach Federation (ICF). Nos sentimos muy orgullosos de que aquellos fueran los primeros avances en español con ese objetivo específico. Se trató de una experiencia importante para consolidar la credibilidad del Coaching profesional en la región.

Este libro persigue los objetivos de explicar cómo funciona el Mentor Coaching y presentar estrategias para desarrollar habilidades en la materia, así como compartir un nuevo modelo de competencias y exhibirlo en funcionamiento en cuatro casos puntuales. Está dirigido a coaches en formación, a los que quieran seguir desarrollando sus habilidades, independientemente de los años de experiencia que tengan, y también a los profesionales que proveen servicios de Mentor Coaching. Entendemos, además, que su lectura puede ser beneficiosa para clientes que reciben servicios de Coaching y para todas las personas interesadas en la temática.

El Goldvarg Consulting Group ofrece, desde 2014, la primera certificación de Mentor Coaching dictada en español, y esto les brinda a nuestros colegas la posibilidad de continuar el trabajo que nosotros iniciamos. El material que presentamos es el resultado del trabajo en equipo de mentor coaches graduados. Los participantes convirtieron en texto escrito grabaciones de sesiones del programa de certificación y discutieron los casos presentados, además de entrevistar a quince mentor coaches experimentados de Latinoamérica y España.

La primera parte de la obra incluye una explicación acerca de qué es el Mentor Coaching, brinda elementos claves del feedback y presenta el modelo de competencias específicas que desarrollamos en el Goldvarg Consulting Group junto con nuestros colaboradores, en especial con Laura Zuvanic, quien introdujo la metodología para las entrevistas y su aplicación al desarrollo de las competencias de Mentor Coaching.

En la segunda parte, a partir de transcripciones de las sesiones del programa de certificación, compartimos cuatro casos y analizamos sesiones de Coaching; sesiones de Mentor Coaching, en las que el coach recibe el feedback; y también la instancia en que el mentor coach es quien recibe feedback, tanto del instructor como de sus compañeros de programa. Finalmente, presentamos un análisis teórico en el que aplicamos el modelo de competencias de Mentor Coaching que desarrollamos a partir de las entrevistas realizadas a los quince mentor coaches que mencionamos más arriba.

En nuestra búsqueda de precisión idiomática para referirnos a la persona que recibe Mentor Coaching hemos acudido a la Real Academia Española y nos han respondido que "Ni el *Diccionario de la Real Academia Española* ni otros diccionarios consultados recogen un sustantivo derivado que aluda a la acción del mentor, que tampoco se documenta en nuestros bancos de datos. Sin embargo, en los textos sí se documenta el término *mentoría,* y en mucho menor proporción *mentorismo. Mentor* y *mentoría* se han revitalizado en el uso en el ámbito académico y empresarial por influencia del inglés, donde existen los términos *mentor* y *mentoring.* En español, se emplean generalmente otras voces como *asesoramiento, tutela, supervisión,* según los contextos. La persona que es objeto de este proceso se puede, por tanto, denominar *asesorado, tutelado, supervisado…".*

A partir de esta respuesta decidimos, en el contexto en el que trabajamos, aplicar los términos en inglés para referirnos a "Mentor Coaching" y "mentor coach", mantener la denominación "coach" para la persona que recibe Mentor Coaching, y "cliente" para quien recibe Coaching.

Definición de Coaching y Mentor Coaching

La ICF define el Coaching como una "asociación entre un coach y un cliente en un proceso creativo y estimulante que inspira al cliente a maximizar su potencial personal y profesional".

En la formación de coaches, el Mentor Coaching ocupa un lugar central, y lo definimos como "la actividad enfocada en desarrollar habilidades de Coaching, en la que el coach recibe feedback sobre su desempeño y sobre lo que necesita trabajar para continuar su desarrollo profesional".

La ICF define al Mentor Coaching como la "asistencia profesional necesaria para que el coach pueda alcanzar y demostrar los niveles de competencia que se exigen para obtener la credencial que desee"; y explica que "durante este trabajo se ofrece feedback sobre el desarrollo de las habilidades demostradas en una sesión, y se evita ofrecerlo sobre la práctica profesional en general, el balance de vida u otros temas no relacionados específicamente con las competencias exhibidas".

Si analizamos esta definición, vemos que hay varios elementos para tomar en cuenta:

1. **"Asistencia profesional necesaria para que el coach pueda alcanzar y demostrar los niveles de competencia que se exigen para obtener la credencial que desee".** El mentor coach debe haber demostrado competencias específicas para ofrecer esta asistencia profesional (en la próxima sección nos enfocaremos en esas habilidades, cuyo dominio implica estar familiarizado con el *Modelo de Competencias Clave de Coaching* de la ICF); y también tener desarrollada la capacidad de observar y de distinguir el manejo que corresponde a cada uno de los niveles: ACC, PCC o MCC (principiante, intermedio o máster), así como la de proveer feedback y cocrear un plan de desarrollo de habilidades de Coaching.

2. **"Durante este trabajo se ofrece feedback sobre el desarrollo de las habilidades demostradas en una sesión, y se evita ofrecerlo sobre la práctica profesional en general, el balance de vida u otros temas no relacionados específicamente con las competencias exhibidas".** Aquí se diferencia el Mentor Coaching de otras prácticas, como por ejemplo la Supervisión de Coaching, que se enfoca en la reflexión sobre el trabajo profesional del coach. Para entender mejor esto, es útil tener en cuenta que la supervisión puede incluir Mentor Coaching, pero tiene un terreno más vasto de exploración. La supervisión es, por lo tanto, mucho más abarcadora, y no trabaja solamente para desarrollar habilidades, sino que también se enfoca en el "ser" (el "quién") del coach, en sus desafíos personales, así como en sus dificultades para lidiar con temas presentados por los clientes o para desarrollar habilidades empresariales que lo ayuden a conseguir el éxito como coach.

Mentor Coaching y Supervisión de Coaching

La ICF ha desarrollado pautas para diferenciar estas dos prácticas complementarias que deben ser partes del camino didáctico que produce el desarrollo del coach.

Una de las diferencias importantes entre las dos actividades es el nivel de profundidad de trabajo que implican sobre la persona del coach.

En Mentor Coaching se analizan (ya sea presencialmente o a través de la escucha de grabaciones de sesiones) las habilidades del profesional y su capacidad para demostrarlas durante una sesión que mantiene con su cliente. Todo el trabajo se enfoca en reconocer la presencia o ausencia de habilidades demostradas durante esa sesión y compararlas con las expectativas que existen para cada uno de los niveles de acreditación que reconoce la ICF: ACC, PCC O MCC. En la tercera parte de este libro publicamos una tabla que permite ver con claridad la relación entre las distintas etapas de la carrera del coach profesional y las exigencias estandarizadas.

En la Supervisión de Coaching, en cambio, el análisis es más profundo, porque el enfoque va más allá de las habilidades del coach y se propone explorar el terreno de su "quién". Se ahonda en este trabajo sobre sus miedos, sus dificultades, los desafíos que deberá aceptar y los que se autoimpone, los cuestionamientos que se hace, las identificaciones que pueden atentar contra su óptimo desempeño y las posibles proyecciones con sus clientes. No es difícil darse cuenta, entonces, de que la supervisión requiere un alto nivel de confianza entre el coach y el profesional que lo supervisa, que estará analizando múltiples variables del campo del Coaching, incluyendo, por ejemplo, la identificación del coach con su cliente.

El modelo de Hawkins denominado "Los siete ojos" permite ver con claridad las diferencias entre el Mentor Coaching y la supervisión. Esta metodología explora tres sistemas de relaciones: el del cliente y su coach, el del coach y su supervisor, y el del contexto general. Para poder conocer a fondo la relación entre el cliente y su coach, Hawkins sostiene que se debe ahondar en las características del cliente, las intervenciones del coach y las particularidades del vínculo entre ellos. En cuanto al trabajo con el sistema coach-supervisor, el modelo de "Los siete ojos" propone analizar las respuestas emocionales del coach frente a lo que plantea el cliente, lo que se conoce como el "proceso paralelo", es decir, la repetición en la instancia de supervisión de elementos de la sesión de Coaching; y las respuestas del supervisor frente al contenido presentado por el coach. En el análisis del tercer sistema, o contexto general, se exploran variables entre las que se encuentran el contexto organizacional, situación económica, social y política que afectan las interacciones entre los otros dos sistemas.

Mentor Coaching individual y grupal

El Mentor Coaching puede ser brindado efectivamente utilizando las dos modalidades, pero es importante que todo coach tenga una cantidad mínima de horas en las que reciba feedback individual sobre su desempeño.

En el Mentor Coaching individual, los coaches tienen que presentar una sesión grabada (de entre veinte minutos y una hora de duración), la transcripción de la sesión y una planilla de autoevaluación (esta es una práctica de gran utilidad, puesto que el autoanálisis permite tomar conciencia, afianzar las fortalezas y reconocer qué habilidades necesitan ser trabajadas para optimizar la tarea).

Los tres componentes del material evaluativo deben ser entregados con anticipación, para que el mentor coach pueda analizarlos y valorar la demostración de los distintos niveles en las competencias que avala la ICF.

El objetivo de este recurso pedagógico es el desarrollo de las habilidades de Coaching a partir de la recepción de feedback por un trabajo determinado, realizado frente a un cliente determinado y considerando las circunstancias específicas en que tuvo lugar.

En el formato grupal, los participantes aprenden no solo del mentor coach sino también de sus compañeros. El proceso se basa en una sesión de Coaching en la que uno de los integrantes del grupo hace de cliente y otro de coach. El resto presencia la sesión en silencio, y en una etapa posterior brinda feedback. Esta metodología de trabajo busca que todos aprendan de todos.

Creemos oportuno aclarar que los procesos de Mentor Coaching grupales no deben incluir a más de diez personas, y que tanto los procesos de Mentor Coaching individuales como los grupales deben durar tres meses como mínimo.

Proceso de Mentor Coaching individual

En nuestra propia aproximación al trabajo de Mentor Coaching dividimos el proceso en cinco momentos. En la primera parte se establece el "acuerdo", mediante el cual el mentor coach pregunta al coach en qué competencias le gustaría que se focalicen durante la sesión para recibir feedback. En la segunda, el mentor coach escucha al coach demostrar sus habilidades a partir de una grabación o sesión en vivo. Durante la tercera parte, el coach reflexiona sobre su desempeño y hace una autoevaluación antes de recibir los comentarios y el feedback del mentor coach. El cuarto momento se dedica a que el mentor coach provea feedback en forma dialogada; y durante la quinta instancia del proceso, el coach comparte su aprendizaje y decide en qué se va a enfocar en el futuro.

La grabación debe ser presentada con la debida anticipación, para dar tiempo a que el mentor coach elabore sus apreciaciones.

Proceso de Mentor Coaching grupal

Cuando se trabaja en grupo, uno de los coaches participantes hace de cliente y otro de coach. Durante la sesión, el mentor coach y los demás compañeros observan y toman notas en las que dejan asentados los niveles de competencias que detectan.

Cuando se pasa a la etapa de brindar feedback, primero se le pide al cliente que comparta sus impresiones, y después lo hacen el coach, el mentor coach y cada uno de los demás participantes. Finalmente, el coach comparte qué aprendió del proceso y cómo lo va a aplicar en sus próximas sesiones.

Esta mecánica participativa redundará en que todos los integrantes de los grupos aprendan de todos sus compañeros y salgan enriquecidos más allá de los niveles de experiencia que pueda tener cada uno. Lo esperado como resultado final es que cada coach pueda llevar a su práctica cotidiana los conocimientos que incorpore.

En la parte final de este libro, publicamos información que consideramos útil, tanto sobre los procesos de acreditación como acerca de los requisitos que la ICF exige para avalar un trabajo de Mentor Coaching.

CAPÍTULO 2

RESPONSABILIDADES Y COMPETENCIAS DEL MENTOR COACH

En este capítulo exploraremos las tareas del mentor coach y los lineamientos publicados en la página web de la ICF, y a continuación presentaremos el modelo de competencias de Mentor Coaching desarrollado en el Goldvarg Consulting Group con la participación de nuestros colaboradores y a partir de entrevistas realizadas a quince mentor coaches experimentados.

Lineamientos de la ICF: responsabilidades del mentor coach

La ICF publica en su página web oficial un listado de comportamientos que debe exhibir el mentor coach (coachfederation. org). En el mismo lugar quedan establecidas las responsabilidades que tiene en el marco de su trabajo profesional.

Entre ellas se encuentran las siguientes:

1. **"Modela efectivamente el inicio y la contratación de la relación con el coach"**. El mentor coach es un modelo para el coach y debe ser muy claro y específico en la etapa del proceso que corresponde a la contratación del servicio. En este momento de la relación debe explicarle exhaustivamente a su cliente potencial qué es el Mentor Coaching, cómo funciona, cuáles son las expectativas que debe tener y cómo se van

a manejar los aspectos económicos. Muchas de estas tareas son similares a las que se dan al inicio de un proceso de Coaching. La diferencia principal radica en que se espera que el mentor coach sea absolutamente claro y efectivo, puesto que está modelando comportamientos profesionales ya desde el comienzo de la relación. Para conseguir los mejores resultados, recomendamos el uso de los documentos estandarizados que publicamos en la Parte 3.

2. **"Explora exhaustivamente junto al coach, para determinar lo que se quiere lograr con el proceso de Mentor Coaching"**. Esta exploración tiene dos niveles. Por un lado, el mentor coach quiere reconocer los objetivos específicos que llevan al coach a encarar el proceso de aprendizaje. Pero además, cada sesión puede ser una oportunidad para enfocarse en competencias específicas, que pueden ser elegidas por el coach al principio del encuentro.

3. **"Se asegura de que ambos tengan claridad sobre el propósito del Mentor Coaching"**. Esta conducta refuerza el contrato entre el coach y el mentor coach. Mientras se clarifica el propósito del proceso de Mentor Coaching, también puede incluirse una exploración sobre la forma de aprender que prefiere el coach, para determinar cómo le gusta recibir feedback, y qué espera del proceso de aprendizaje y del mentor coach. Por ejemplo, hay personas a quienes les gusta que les den feedback directo, *al punto*. Otros prefieren recibirlo de a poco, con mucho cuidado. Es útil determinar el estilo que se utilizará, porque esto colabora en gran medida con que el trabajo posterior se desarrolle armoniosamente y que redunde en beneficio del aprendizaje del coach.

4. **"Establece junto al coach un sistema de medición del éxito"**. Por lo general, estas medidas de éxito es-

tán íntimamente vinculadas con la aprobación del examen de credencialización; pero también pueden referirse a la adquisición de mayor habilidad en el desempeño de las competencias de Coaching.

5. **"Discute costos, plazos y otros aspectos de la relación de Mentor Coaching".** Clarificar totalmente estos aspectos iniciales, que pueden llegar a parecer secundarios, asegura un campo de trabajo libre de obstáculos y previene posibles malentendidos futuros sobre aspectos como cuándo se deberá pagar o qué sucederá si el coach necesita cancelar una sesión individual a último momento.

6. **"Informa al coach acerca de todos los aspectos del Código de Ética de la ICF y de la disponibilidad de la Junta de Revisión de Conducta Ética".** Dado que el mentor coach es considerado un modelo y un guía profesional, se espera no solo que siga el Código de Ética de la ICF, sino también que lo conozca lo suficientemente bien como para poder explicárselo a los coaches con los que trabaja. Puede suceder, por ejemplo, que un cliente quiera tratar con su coach un tema que no sea apropiado para Coaching. Si esto sucede en el marco de un proceso de Mentor Coaching con el cliente presente y el coach no se da cuenta y comienza a explorar la situación, el mentor coach deberá detener la sesión y explicar que no es apropiado el tratamiento del tema en cuestión. Aunque se espere que los participantes de los grupos de Mentor Coaching estén familiarizados con la definición de Coaching que avala la ICF, coaches en su primera etapa de formación pueden aceptar, sin darse cuenta, tratar temas que requieran atención de otros profesionales –por ejemplo, los relacionados con depresión, ansiedad u otras problemáticas que requieran hacer una derivación a un psicólogo o un psiquiatra.

7. **"Invita al coach a entrevistarse con otros mentor coaches, para asegurar que se trate del profesional más apropiado de acuerdo con sus necesidades.** Esta es una práctica que la ICF también recomienda a los clientes que buscan el servicio de Coaching. La idea es que el cliente, al tener la posibilidad de elegir entre varias opciones, pueda encontrar al profesional que mejor responda a sus necesidades. Hay clientes que se sienten más cómodos trabajando con coaches que tengan características similares a las de ellos. Otros prefieren trabajar con profesionales con estilos y experiencias diferentes, porque ven en esas diferencias una oportunidad de aprendizaje.

8. **"No da ninguna garantía de que como resultado del proceso de Mentor Coaching el coach obtendrá el nivel de acreditaciones que está buscando".** Esto es muy importante, ya que el proceso de aprendizaje de cada persona depende de muchas variables. Por ejemplo, su propia capacidad para incorporar nuevos conocimientos, su aptitud para interpretar información y aplicar lo aprendido. En ocasiones se observa que coaches experimentados que buscan la credencial MCC de la ICF encuentran que necesitan "desaprender" ciertos comportamientos que se asocian más al trabajo del consultor que al del coach. Por ejemplo, la ICF sostiene que se espera que el coach sea un colaborador "completo" durante el proceso de Coaching. Esto supone, muchas veces, dejar que el cliente vaya "al volante", lo cual representa un desafío difícil de superar para quienes tienen por costumbre profesional liderar la sesión.

9. **"Garantiza que las sesiones de Coaching se analicen de a una, que el coach reciba la respectiva devolución de feedback entre ellas, y que haya suficiente tiempo de separación entre sesiones de Mentor**

Coaching como para permitir la incorporación del aprendizaje y el desarrollo personal". El coach desarrolla sus habilidades en un proceso mediante el cual puede aplicar lo aprendido en las sesiones de Mentor Coaching. Por esa razón, la ICF espera que el proceso de diez horas de sesiones dure por lo menos tres meses, ya que la aplicación de lo aprendido como resultado del feedback es clave en ese proceso.

10. **"Proporciona retroalimentación verbal y/o escrita específica, utilizando ejemplos concretos de las sesiones, de manera que: a. el coach sepa exactamente lo que está haciendo bien; b. el coach entienda lo que hay que hacer para desarrollar un nivel más profundo de maestría en Coaching".** La especificidad de los ejemplos permite al coach tener claridad sobre cómo son demostradas sus habilidades durante la sesión de Coaching analizada. Por esa razón es importante que el mentor coach tome notas cuando observa al coach, para poder darle el feedback más detallado posible, con la mayor cantidad de ejemplos de comportamientos desplegados durante la sesión, que ilustren las competencias de Coaching aplicadas.

De acuerdo con lo establecido por la ICF, se espera que el mentor coach demuestre estas características personales:

• "Ser confiable y tener la capacidad necesaria para desarrollar empatía con el coach".
• "Ser alguien que alienta al aprendiz para que llegue más allá de lo que cree posible al principio del proceso. Asistir al coach que lo contrata en la ampliación de su proceso creativo".
• "Vincularse de un modo igualitario, ser abierto, vulnerable y estar dispuesto a correr los riesgos que

resulten apropiados, por ejemplo, al suministrar retroalimentación que pueda resultar incómoda".

- "Tener la capacidad necesaria para ser solidario y auténtico en la celebración de los logros del aprendiz y su crecimiento durante todo el proceso".
- "Ser seguro en su propio trabajo, y capaz de demostrar aprecio y respeto por el estilo único de cada aprendiz".
- "Alentar el desarrollo de un estilo propio del aprendiz como coach".
- "Estar dispuesto a fomentar la evaluación periódica y mutua de la eficacia de la relación".

En síntesis, se espera que el mentor coach demuestre en un grado superior los comportamientos que debe tener un coach profesional efectivo. Debemos tener presente que el mentor coach es un modelo para el coach, y tiene que modelar la aplicación de los parámetros éticos y profesionales que rigen en la ICF. Por ejemplo, debe ser muy efectivo al desarrollar el acuerdo de trabajo con el coach. También tiene que ser efectivo al establecer confianza e intimidad, crear especial empatía con los coaches y ofrecerles apoyo para lograr que se animen a mostrarse vulnerables y estén dispuestos a explorar sus puntos fuertes y débiles con relación a la aplicación de las competencias. El mentor coach tiene que tener seguridad en sí mismo, en el coach y en el proceso de Mentor Coaching, y tiene que ser un experto en dar feedback, puesto que esta es una de sus actividades más importantes. Es necesario destacar el hecho de que un coach puede ser muy efectivo con sus clientes y no ser efectivo en el rol de mentor coach. Esto se debe a que las competencias requeridas para cada rol son diferentes. Por ese motivo consideramos relevante que los mentor coaches se entrenen y participen en programas en los que puedan tener la oportunidad de desarrollar habilidades específicas.

Nuevo modelo de competencias de Mentor Coaching

El presente modelo se desarrolló en el Goldvarg Consulting Group a partir de quince entrevistas que fueron realizadas sobre la base de un cuestionario especialmente pensado para determinar cuáles son las principales competencias que debe demostrar un mentor coach y qué comportamientos se asocian a cada una de ellas. Desde el punto de vista metodológico, el diseño de la guía de entrevistas tomó en parte elementos de la *Behavioral Event Interview* (BEI), que fue desarrollada por John Clemans Flanagan y publicada en 1954 por el *Psychological Bulletin*, bajo el título *The Critical Incident Technique.*

Varios años después, en 1981, David McClelland publicó *Interviewing for Competence.* Este texto contiene una rutina que permite identificar las competencias que están presentes en los individuos, a partir de la aplicación de una entrevista en profundidad.

El modelo original proponía solicitar a los mejores *performers* de un puesto o un área que describieran tres incidentes durante los que sentían que se habían desempeñado en forma sobresaliente y tres en los que consideraban que su desempeño había sido pobre. La narración de los hechos que se solicitaba era detallada, con una clara transmisión de lo que habían dicho y hecho los entrevistados, y una precisa descripción tanto del entorno como de los resultados obtenidos. A partir del análisis de las historias recogidas durante la consulta, lo que se hizo fue identificar patrones; es decir, detectar qué competencias fueron puestas en juego y/o cuáles faltaron en cada una de las situaciones o eventos críticos bien o mal resueltos. El material base utilizado para elaborar el BEI que está publicado en la página web del Goldvarg Consulting Group (www.goldvargconsulting.com) incluye, además de un número reducido de incidentes críticos, preguntas que enriquecieron notablemente el proceso.

1. **Acuerdo de Mentor Coaching.** Tener capacidad para acordar pautas acerca de la metodología y la estructura del proceso de Mentor Coaching individual o grupal.

   Conductas asociadas:

   a. Definir en forma oral y/o escrita las pautas acerca de la metodología y la estructura de todo el proceso de Mentor Coaching.
   b. Asegurarse, no solo al inicio sino a lo largo de todo el proceso, de que el coach haya comprendido el acuerdo establecido.
   c. Aclarar las expectativas del coach respecto de en qué competencias quiere enfocarse en la sesión de feedback.
   d. Reconocer cuándo el proceso de aprendizaje está estancado, explorar los obstáculos y reformular el acuerdo, si fuera necesario.
   e. Comunicar patrones profesionales y éticos de Coaching que avala la ICF, y clarificar dudas.
   f. Ser claro en la diferenciación de los roles del coach, el mentor coach y el supervisor de Coaching, y actuar en consecuencia.

2. **Desarrollo de la relación entre mentor coach y coach.** Construir un vínculo profesional con el coach basado en la "presencia" y la confianza.

   Conductas asociadas:

   a. Confiar en sí mismo, en el coach y en el proceso de Mentor Coaching.
   b. Alentar al coach para que exprese sus ideas y sus emociones.
   c. Respetar y valorar el trabajo del coach.
   d. Desarrollar una relación de igualdad entre colegas.

e. Modelar e invitar al coach a no temer mostrarse vulnerable y a animarse a explorar sus éxitos, sus desafíos y sus áreas de mejora.

f. Ser apreciativo y contenedor.

g. Estar "presente" y fluir con el coach.

3. **Escucha activa**. Tener la capacidad necesaria para comprender al coach y reconocer en su trabajo la presencia de cada una de las competencias de Coaching del modelo de la ICF.

Conductas asociadas:

a. Detectar a través de la escucha la presencia de las conductas que indiquen el dominio de cada una de las competencias.

b. Determinar el nivel global y particular de manejo de cada competencia atento a lo requerido por la ICF para ser acreditado como ACC, PCC o MCC.

c. Reconocer las fortalezas y las áreas de oportunidad de crecimiento.

d. Escuchar apreciativamente, depositando expectativas positivas sobre el desempeño del coach.

e. Identificar las emociones del coach y explorarlas para enriquecer el aprendizaje.

4. **Feedback**. Comunicar de forma efectiva cuáles son las áreas que constituyen fortalezas y las que ofrecen oportunidad de mejora, utilizando un lenguaje basado en los comportamientos observados.

Conductas asociadas:

a. Acordar acerca de cómo quiere recibir feedback el coach.

b. Dar feedback en forma dialogada, constructiva y sensible a las diferencias culturales.

c. Crear un espacio seguro y confiable para brindar feedback, a través de la utilización de un estilo respetuoso, amigable, claro y conciso.

d. Proveer feedback alentador, mostrando en qué fue efectivo el coach, y feedback correctivo sobre aquello en lo que el coach debe ser más efectivo o aquello que necesita modificar para disminuir la brecha entre los niveles de habilidad demostrados y el próximo nivel requerido.

e. Ofrecer feedback específico, fundamentándolo en hechos concretos y no en el "ser" del coach.

5. **Aplicación del Modelo de Competencias Clave de la** ICF. Conocer en profundidad el Modelo de Competencias Clave de la ICF e identificar la presencia o la ausencia de las conductas correspondientes.

Conductas asociadas:

a. Conocer en profundidad las conductas asociadas a cada una de las once Competencias Clave de Coaching que propone la ICF.

b. Diferenciar comportamientos de nivel ACC, PCC o MCC.

c. Identificar la presencia o la ausencia de conductas asociadas a cada competencia en las sesiones de Coaching.

d. Permanecer actualizado teniendo en cuenta el desarrollo continuo del Modelo de Competencias de la ICF.

6. **Gestión del aprendizaje.** Tener capacidad para diseñar y acompañar el proceso de aprendizaje, facilitando el crecimiento profesional y personal del coach.

Conductas asociadas:

a. Crear un contexto que facilite el aprendizaje, identificando las resistencias y/o los *enemigos del aprendizaje*, e indagando sobre expectativas y preferencias de estilos para recibir feedback.
b. Reconocer y celebrar los progresos obtenidos.
c. Ser innovador y diseñar cambios didácticos aptos para la mejor facilitación de las sesiones de Mentor Coaching.
d. Conocer los distintos modelos teóricos y aplicados de Coaching.

7. **Facilitación de grupos de Mentor Coaching**. Ser capaz de crear un espacio de aprendizaje grupal generando un ambiente propicio para que se desarrollen el espíritu de colaboración, el compromiso, la confianza y el respeto mutuo.

Conductas asociadas:

a. Desarrollar con el grupo reglas de trabajo.
b. Favorecer la participación de todos los integrantes del grupo e invitar a que los más silenciosos colaboren.
c. Estimular el espíritu de equipo y la conexión entre los integrantes.
d. Intervenir cuando el feedback de uno de los participantes sea agresivo o inapropiado.

8. **Autorreflexión**. Tener aptitud para reflexionar sobre su desempeño, sobre nuevos aprendizajes, éxitos y dificultades en su trabajo como mentor coach.

Conductas asociadas:

a. Ser consciente de "quién" está siendo como mentor coach y de sus propias reacciones emocionales.

b. Pedir feedback y/o supervisión sobre su desempeño.

c. Tomar tiempo para reflexionar sobre su práctica.

d. Propiciar y mantener su relación con otros mentor coaches; estar abierto a la posibilidad de aprendizaje continuo y al intercambio de experiencias.

CAPÍTULO 3

FEEDBACK EN MENTOR COACHING

Una de las actividades más importantes que desarrolla el mentor coach es darle feedback al coach para ayudarlo a identificar las competencias en las que está siendo efectivo y aquellas otras en las que necesita seguir trabajando para alcanzar su nivel óptimo de desempeño.

La importancia del tema nos lleva a precisar, en esta parte del libro, una definición de la palabra feedback contextualizada en el ámbito del Mentor Coaching. Nuestro objetivo es que también quede clara la distinción entre el feedback "alentador" y el "correctivo".

Finalmente, presentaremos las prácticas que consideramos valiosas a la hora de ofrecer feedback con efectividad, y exploraremos desafíos que el mentor coach encuentra en su práctica cotidiana.

Definición de *feedback*

La palabra "feedback" está tomada de la lengua inglesa, y según el Diccionario de la Real Academia Española tiene diversos significados. El que nos compete en Mentor Coaching es el de "retroalimentación", que refiere a la acción de dar respuesta, de reaccionar frente a un determinado acontecimiento.

En Mentor Coaching, el feedback es el elemento clave del proceso de aprendizaje. La función del mentor coach es ofrecer un espacio didáctico y de reflexión, y en ese ámbito el feedback es la herramienta que permite al coach darse cuenta de si sus comportamientos durante la sesión están alineados con el modelo de competencias que propone la ICF, y qué debe hacer para avanzar en el camino de su desarrollo profesional.

Feedback alentador y feedback correctivo

Consideramos que el feedback ofrecido a quienes están en un proceso de formación debe ser siempre constructivo, positivo y enriquecedor. Con fines didácticos distinguimos dos tipos específicos de feedback: el alentador y el correctivo.

A pesar de que tradicionalmente se dividía al feedback en negativo y positivo, esta otra forma de clasificarlo, según Frank Karp, se refiere a los conceptos feedback *alentador*, que refuerza una conducta actual, y feedback *correctivo*, que indica la necesidad de un cambio en la conducta. Desde este punto de vista, al que adherimos, todo feedback es positivo.

Tanto Martin Seligman, padre de la Psicología Positiva, como los desarrollos en neurociencias sostienen que lo que se refuerza en forma positiva tiene tendencia a cobrar importancia y a repetirse, y lo que no se refuerza tiene tendencia a desaparecer. Por lo tanto, si un mentor coach se enfoca en lo que un coach está haciendo en forma efectiva, el coach se dará cuenta de su fortaleza y tenderá a repetir la conducta manifestada.

Una de las creencias más perjudiciales y equivocadas de algunos mentor coaches es asumir que el desempeño efectivo es lo esperable. Como resultado de esa concepción, brindan solamente feedback correctivo. De este modo, marcan exclusivamente lo que el coach no hace efectivamente, y pierden oportunidades de dar feedback alentador para reforzar lo que el coach realiza de manera efectiva.

Nuestra propuesta es que para el aprendizaje y desarrollo de las habilidades de Coaching debe mantenerse un balance entre los dos tipos de feedback. Debe utilizarse el correctivo cuando se busque lograr cambios de conductas que fueron detectadas en intervenciones inapropiadas o cuando el coach pierde alguna oportunidad de intervenir; y el alentador para reforzar intervenciones efectivas cuya repetición redundará en crecimiento profesional.

Un ejemplo de feedback alentador:

"Observé que fuiste efectiva en el momento del acuerdo. Sobre todo cuando le preguntaste a tu cliente qué quería trabajar, para qué quería trabajar sobre ese punto, y cómo se iba a dar cuenta de que consiguió lo que quería al finalizar la sesión. También hiciste una indagación efectiva de los términos usados por tu cliente. Tomo esta frase tuya: 'Cuando dices que quieres lograr más claridad, ¿qué significa claridad para ti?'. Fuiste efectiva, también, al cocrear la relación. Esto se vio cuando, antes de comenzar la exploración, le preguntaste al cliente por dónde quería comenzar. Fuiste, además, muy efectiva en preguntar poderosamente cuando incluiste preguntas sobre el 'quién'. Por ejemplo: '¿Cómo te puedes describir en el momento en que tienes una conversación con tu jefe?' y '¿Cómo reaccionas cuando alguien te agrede?'".

Un ejemplo de feedback correctivo:

"En el acuerdo de Coaching hubiera resultado más efectivo que le preguntaras al cliente para qué quería trabajar en la inquietud que planteaba, o cómo iba a saber, al final de la sesión, que se llevaba el resultado que estaba buscando. Con relación a la competencia 'comunicación directa', hubo algunas preguntas confusas que quitaron efectividad. Por ejemplo cuando dijiste: 'Lo que te quiero preguntar es si te quedó clara la idea que tenías, o sea, si hubo elementos aclaratorios sobre la situación'. Hubo también preguntas cerradas. Por ejemplo, cuando preguntaste: '¿Te parece importante que te dijera esto?'. Hiciste, además, dos preguntas a la vez: '¿Cómo es la relación que estableciste con tu jefe? ¿Te cuesta hablar con él?'. Otro punto sobre el que debes trabajar tiene que ver con que a veces haces una pregunta y la respondes: '¿Cómo te sientes con tu colega? ¿Enojada? ¿Frustrada?'. Este es un punto que te ofrece una oportunidad de mejora".

Feedback en contexto de Mentor Coaching *versus* en Supervisión de Coaching

Encontramos la necesidad de enfatizar que las observaciones contenidas en el feedback deben estar sustentadas sobre los comportamientos puntuales del coach, sobre lo que el coach hace o dice durante una sesión determinada, y no sobre su ser profesional; es decir, sobre quién es como coach. La exploración que busca determinar la identidad profesional del coach es ajena al Mentor Coaching, y corresponde al terreno de la Supervisión de Coaching, donde se trabaja a fondo sobre los desafíos profesionales y sobre la posible ceguera del coach.

La diferenciación entre Supervisión de Coaching y Mentor Coaching resulta muy útil, desde un punto de vista didáctico, para entender que el feedback propio del Mentor Coaching se brinda dentro del contexto temporal y espacial que delimita una sesión en la que el coach puede mostrar habilidades más o menos alineadas con lo que propone la ICF.

Es importante que el mentor coach, sin llegar a entrar en el terreno de la Supervisión de Coaching, sepa reconocer situaciones en las que el coach sufra bloqueos emocionales que no son habituales y se avenga a preguntarle qué le pasó durante la sesión, qué sintió, qué fue lo que lo afectó. Este tipo de intervención puede ayudar al coach a identificar elementos contextuales que le hicieron perder efectividad, capitalizar la situación y aprender de sí mismo, para aplicar en el futuro los conocimientos que incorporó gracias a lo que le tocó vivenciar durante la sesión. Por ejemplo, algunos coaches se sienten intimidados cuando son observados por sus colegas en sesiones de Mentor Coaching grupales, o cuando son grabados. Es apropiado que el mentor coach ofrezca un espacio de reflexión sobre cómo estas situaciones influyen en el desempeño.

El feedback como diálogo

Durante el proceso de aprendizaje que implica el Mentor Coaching, el feedback funciona más efectivamente cuando se da en forma de diálogo. Hay que evitar el monólogo.

Consideramos que lo más conveniente es que el mentor coach, en primer lugar, le pregunte al coach en qué considera que fue efectivo y qué haría de manera diferente. Esto facilita la autoevaluación que debe hacer el coach antes de recibir feedback.

A partir de esa instancia, el coach y el mentor coach deberán iniciar la exploración conjunta que tiene como objetivo determinar qué competencias de Coaching estuvieron presentes durante la sesión y cuáles faltaron. Además, analizando las conductas observadas se buscará encuadrar el grado de eficacia del coach, teniendo en cuenta los tres niveles de acreditación de la ICF: ACC, PCC o MCC.

El estilo dialogado tiene como consecuencia una mayor apertura del coach que está recibiendo feedback, pues de esa manera ve en el mentor coach un compañero de ruta en su paso hacia el mejoramiento profesional. Este trabajo didáctico, que debe ser amable y no falto de calidez, redundará, seguramente, en el mejor resultado a la hora de enfocarse en las áreas que ofrecen oportunidades de mejora, que son aquellas ante las cuales el coach puede presentar un mayor grado de resistencia.

El diálogo es conveniente, incluso, a la hora de validar conductas del coach, y es también útil para indagar sobre puntos ciegos que, si son iluminados, pueden marcar la diferencia en el desarrollo profesional.

El feedback genera, en quien lo recibe, reacciones diversas. Hay quienes están abiertos al aprendizaje, a evaluar e integrar los conocimientos recibidos y considerarlos de real valía para su acervo profesional; pero también están quienes, al recibir feedback, demuestran resistencia.

Algunas veces, cuando el coach recibe feedback existe la posibilidad de que se ponga a la defensiva o se sienta incómodo. Esta conducta puede ser exacerbada durante los procesos de Mentor Coaching grupal, en los que hay varios colegas observando. La situación que planteamos hace que, para un mentor coach que está iniciando su labor frente a un grupo, sea útil recordarles a los integrantes que lo que se inicia es un trabajo de "laboratorio", donde todos deben aprender de los demás. Incluso aconsejamos el uso de la frase "todos estamos aprendiendo de todos", porque pone al mentor coach en un plano de igualdad que ayuda a desarrollar confianza y facilita que quienes lo están escuchando dejen de lado su ego. Esto ayuda a minimizar la presión que se siente frente a la necesidad de vernos y que nos vean bien, y también nos permite ser vulnerables, cometer errores y aprender de ellos. La idea es que todas las personas que participan del proceso de Mentor Coaching, incluido, desde luego, el mentor coach, tomen conciencia de que no son perfectos, y de que la humildad y la práctica son el único camino para aprender y mejorar.

La frase que sigue debe recordarnos que, para quienes anhelamos la mejora permanente:

La maestría en Coaching es un camino, no un destino.

Hay un recurso metodológico que consideramos conveniente emplear, y consiste en que el mentor coach presente el feedback alentador al principio, e inmediatamente después el correctivo cuando sea necesario.

Por ejemplo:

> "Fuiste efectiva cuando preguntaste quién era el cliente con relación a su hija, y habrías sido aún más efectiva si hubieras avanzado más en tu exploración sobre esa relación, ya que al haber pasado a otro tema perdiste la oportunidad de profundizar. Después, cuando hablaron sobre el otro hijo, pudiste recuperar tu efectividad".

En este trabajo de dar feedback, el mentor coach debe incentivar la autoevaluación del coach, para que incorpore el hábito de darse cuenta de sus fortalezas y sus necesidades de mejora. Una vez más destacamos la importancia del diálogo y de la capacidad del mentor coach para ser flexible y estar atento a las reacciones y las respuestas del coach, porque son indicadores de su aptitud para recibir feedback y aprender.

Es fundamental generar un espacio de escucha y de confianza en el que el coach logre descubrir qué preguntas no hizo y podría haber hecho; es decir, cómo podría haber profundizado la indagación.

Como mentor coaches, cuando indagamos sobre los puntos de vista de los coaches y los escuchamos, debemos prestar atención al lugar desde donde lo hacemos. Es útil tener claro que tal vez haya algo que el coach dijo o hizo y que el mentor coach no vio o no escuchó. Además, hay que recordar siempre que el mentor coach no tiene que estar apegado a sus observaciones, de la misma manera que el coach no tiene que estar apegado a las suyas.

Feedback y *feedforward*

Tiene especial significación para el mentor coach cotejar estos dos términos. El feedback se enfoca en lo que ocurrió y ya es pasado. Es la información que se recibe *de regreso* después de haber generado alguna acción. No tiene que ver con lo que debería haber ocurrido ni con lo que se debería tener en cuenta para la próxima vez, ya que este es el terreno de dominio de lo que Marshall Goldsmith denomina *feedforward*, que se focaliza en proveer información sobre estrategias posibles para alcanzar resultados futuros.

En el contexto del Mentor Coaching, el *feedforward* debe contener información sobre cursos de acción que ayuden a conseguir un nivel superior de desempeño.

La forma que aconsejamos para brindar correctamente feedback supone que el mentor coach le manifieste al coach el nivel alcanzado en la totalidad de la sesión y en cada una de las competencias exhibidas, y que le proponga conductas que deberá adoptar en el futuro para alcanzar el siguiente nivel de credencialización.

Por ejemplo:

> "Para alcanzar el próximo nivel de desempeño sería conveniente que en el 'acuerdo de Coaching' indagaras sobre cómo se medirá el éxito al finalizar la sesión, sobre qué se quiere llevar tu cliente; y que parafrasearas confirmando tu entendimiento antes de pasar a la exploración, para saber si estás en sintonía con el cliente. Con relación a la competencia de 'comunicación directa', sería efectivo que hicieras más preguntas abiertas, cortas y claras, y también que incluyeras y aprovecharas las metáforas que trae el cliente a la sesión, porque esto ayuda a profundizar en su identidad. Vinculado a la 'escucha activa', serías más efectiva si hicieras silencios entre la respuesta del cliente y tu siguiente pregunta. Esto le da tiempo al cliente para pensar".

Marshall Goldsmith destaca las ventajas de aplicar *feedforward*:

- Ayuda a quien lo recibe a focalizarse en un futuro alentador, porque le muestra qué puede hacer para ser más eficiente.

- Es casi siempre recibido como positivo, porque se enfoca en dar soluciones.
- Se basa en que quien lo recibe puede hacer cambios en el futuro sin sentirse molesto al recibir las sugerencias.
- Suele ser escuchado con más atención que el feedback, sin que el receptor esté preocupado por "defenderse" o por tener que dar una respuesta aclaratoria.

En una sesión de Mentor Coaching debe existir un equilibrio entre feedback alentador y correctivo, y también entre feedback y feedforward.

Veamos un ejemplo:

"Fuiste efectivo, en el momento del 'acuerdo de Coaching', al preguntar por la agenda del cliente... *(feedback alentador)*. Pero habrías sido más efectivo si hubieses incluido una indagación sobre los términos usados por el cliente... *(feedback correctivo)*. Para acceder a un nivel superior de desempeño debes tener en cuenta que tienes que preguntar, en el 'acuerdo', sobre las medidas de éxito *(feedforward)*".

Proceso de feedback grupal

Cuando se trabaja en Mentor Coaching grupal, el feedback se implementa al terminar la sesión de Coaching, en la que uno de los integrantes del grupo hizo las veces de coach y otro actuó como cliente. Todos los participantes deben tener claro que el foco del análisis tiene que estar puesto en el desempeño del coach, y no en el cliente.

No obstante, resulta útil que el mentor coach pregunte en primer lugar al "cliente" sobre sus observaciones acerca del proceso. Si la emocionalidad fue muy intensa durante la sesión, antes de brindarle feedback al coach se le debe preguntar al cliente cómo se siente y si necesita alguna ayuda para cambiar de estado y completar el trabajo iniciado durante el diálogo de Coaching.

El mentor coach puede preguntarle al cliente:

- En qué piensa que fue efectivo el coach.
- Qué aprendió o de qué se dio cuenta.
- Si hay algo que le hubiera gustado que el coach hubiese hecho de manera diferente.

Las respuestas del "cliente" son útiles tanto para el coach como para el mentor coach a fin de entender "dónde está" el cliente al final de la sesión, y si hubo un cambio de observador o una toma de conciencia. También sirve para corroborar qué fue lo que aprendió el cliente, porque a veces esto no termina de quedar claro al final de la sesión.

En segundo término, se le solicitará al coach que haga una autoevaluación y se le preguntará:

- En qué piensa que fue efectivo.
- Qué cambiaría o haría diferente.

En tercer término, el mentor coach aprovechará la autoevaluación del coach para hilvanar su feedback y proveer un espacio dialogado sobre lo observado. La experiencia demuestra que si el coach tiene un manejo fluido de las competencias de Coaching y suficiente capacidad de autocrítica incorporará los conocimientos con mucha más facilidad. En esta etapa intervienen también los colegas observadores que ofrecen feedback y *feedforward*.

El clima de colaboración y de armonía debe ser mantenido en todo momento, y si, por ejemplo, en sesiones de Mentor Coaching grupal alguno de los integrantes da feedback en tono agresivo (aunque no lo haga de modo intencional), el mentor coach tiene que intervenir y comentar lo que ha sucedido. El resultado esperado de esta intervención es que el coach agresivo se disculpe. El buen funcionamiento de las dinámicas grupales depende en gran medida de que quien está a cargo de la coordinación se mantenga muy atento, para actuar cuando sea apropiado y evitar situaciones desfavorables que no conduzcan al éxito del proceso de aprendizaje.

En Mentor Coaching grupal es importante asegurarse de que participan todos los integrantes, e invitar a los más silenciosos a compartir sus observaciones. Una buena posibilidad está en distribuir responsabilidades antes de empezar la sesión de Coaching, de manera que todos tengan un trabajo asignado, por ejemplo, enfocándose en una competencia específica sobre la que ofrecerán sus observaciones en el momento del feedback.

Finalmente, el coach compartirá con el mentor coach y el grupo los conceptos que incorporó, dirá cuál fue su aprendizaje y en qué enfocará su desarrollo durante las próximas sesiones.

Como puede verse, el proceso es productivo para todos los miembros del grupo.

Creando el contexto para dar feedback

Uno de los objetivos del Mentor Coaching es que el coach desarrolle seguridad en sí mismo. Para afirmar la autoconfianza del coach, el mentor coach deberá hacerle saber y recordarle toda vez que sea necesario que confía en su capacidad para lograr el objetivo; y también deberá brindarle un feedback que observe el correcto balance entre los aspectos elogiables y los susceptibles de ser mejorados. El mentor coach debe creer en el potencial del coach, y el coach debe sentir que su mentor coach tiene esa fe depositada en su trabajo. Esto es de fundamental importancia para proteger la autoestima de quien se está entregando a un proceso didáctico. Es una actitud esperable en el mentor coach, ya que favorece el aprendizaje.

Debemos ser muy cuidadosos al considerar la forma de dar feedback y el efecto que puede tener, en todos los casos. Especialmente frente a coaches experimentados o principiantes sensibles o inseguros.

El "acuerdo de Mentor Coaching" cobra especial importancia a la luz de lo que venimos diciendo. Es conveniente fijar de antemano pautas de trabajo que permitan clarificar dudas, y desarrollar confianza entre el mentor coach y el coach. Para lograr esto, al mismo tiempo que se acuerda sobre qué competencias quiere obtener feedback el coach, se debe establecer de qué manera quiere recibirlo.

En el formato grupal, generalmente no hay tiempo para explorar todas las competencias, por lo cual se sugiere enfocarse en dos. En estos casos, si se trabaja con una plataforma virtual, durante la sesión de Coaching se les pedirá a los participantes que apaguen sus cámaras y sus micrófonos, y se les advertirá que su escucha deberá ser muy atenta, porque cuando la sesión termine todos deberán dar feedback, ya que una de las finalidades de este trabajo grupal es que cada integrante se lleve el aporte de varios colegas, aparte del que pueda brindarle el mentor coach.

Así como nos aseguramos de estar en un buen estado de relajación antes de empezar la sesión de Coaching, también tenemos que estar seguros de que estamos relajados y de que nuestra emocionalidad es la adecuada al momento de dar Mentor Coaching.

El mentor coach debe ser empático con el coach. Una práctica recomendada consiste en preguntarle al coach qué necesita antes de empezar la sesión, y cómo le gustaría que se le brinde feedback.

Se le puede preguntar al coach:

• Qué estilo de feedback cree que funciona mejor para su aprendizaje.
• Si se siente preparado para comenzar.
• Si desea hacer algún ejercicio de respiración u otra actividad que colabore con su mayor "presencia" en la sesión.

Es importante que el mentor coach registre su propia emocionalidad y cómo puede estar impactando sobre él la sesión de Mentor Coaching. Un mentor coach es realmente eficiente cuando puede revisar su propio mapa y examinarse con profundidad para determinar desde qué lugar de "poder" y de "saber" estará dando feedback.

En algunas ocasiones, hay mentor coaches que se sienten incómodos al dar feedback correctivo; pero debe recordarse que el feedback es siempre un aporte, y que al dar feedback correctivo hay que evitar disculparse, ya que esto disminuye la importancia del mensaje y reduce su impacto sobre quien debe modificar una conducta.

No obstante, se debe ser muy cuidadoso en la forma de dar feedback correctivo, eligiendo siempre la manera que menos amenace la dignidad y el sentido de autoestima del coach. Hay que evitar que el mentor coach (u otro compañero, en el caso de un grupo) se coloque en un plano de superioridad.

El mentor coach tiene que prestar mucha atención al uso del lenguaje cuando trabaja con el coach. Por ejemplo, tiene que evitar generalizar usando los términos "todas las veces" o "siempre", ya que debe atenerse a ejemplos concretos de comportamientos del coach en la sesión observada.

Es importante fundamentar el feedback con conductas determinadas del coach en una situación dada de Coaching, y evitar emitir juicios sobre su valor como profesional y, desde luego, sobre su persona. Comentarios positivos o negativos del estilo de "me encantó cómo trabajaste" o "estuviste muy mal" deben ser reemplazados por otro tipo de observaciones, como "fuiste muy efectivo en...", o "podrías haber dicho...".

Recalcamos la importancia de basarse en los *comportamientos,* o sea, en lo que dijo o hizo el coach.

Cuando se prepara para dar feedback, el mentor coach tiene que estar atento a la guía de marcadores que determina lo que se debe hacer para demostrar el dominio de cada competencia, porque esto permitirá definir de manera estandarizada el nivel que exhibió un coach.

Feedback: escucha y presencia

El mentor coach debe demostrar habilidad para "escuchar" los efectos que su feedback produce en el coach. Es fundamental comprender en profundidad los sentimientos que provocan nuestras observaciones y tener el suficiente nivel de empatía como para considerar la emocionalidad del coach cuando recibe feedback.

Para ser mentor coaches efectivos tenemos que prestar atención en todo momento a la expresión corporal, ya que los gestos y la postura que adopta el coach cuando recibe feedback son altamente reveladores.

En este aspecto se presentan diferencias notables entre dar feedback basándose en una sesión grabada o hacerlo tras una sesión presencial, porque en este último caso es necesaria la focalización de la atención simultáneamente en el diálogo entre el coach y su cliente y la presencia o ausencia de competencias avaladas por la ICF sobre las que se debe dar feedback. Como es fácil imaginar, este doble enfoque requiere un alto nivel de atención, y para poder ejecutarlo con eficiencia el mentor coach necesita estar cien por ciento "presente"; no puede distraerse. Cuando se escucha una sesión grabada, el material puede ser repasado una y otra vez, y esto, si bien permite un trabajo más relajado, aumenta el nivel de exigencia en cuanto a la cantidad de detalles que deben ser evaluados en el feedback.

Cómo recibir feedback

Uno de los elementos fundamentales del éxito de un mentor coach es su capacidad para desarrollar confianza en el coach y lograr así que se sienta cómodo para recibir feedback cuyo contenido deberá incorporar a su práctica profesional.

Rafael Echeverría, en su artículo *El arte de la retroalimentación en los equipos de alto desempeño*, presenta un decálogo de competencias que deben demostrarse con habilidad para recibir feedback efectivamente. A continuación, adaptamos algunas de sus estrategias y las aplicamos al proceso de Mentor Coaching. Para recibir feedback correctamente es recomendable:

"Preparar el cuerpo y la emocionalidad"
Es conveniente estar centrado y relajado a nivel corporal, y emocionalmente abierto para escuchar y aprender de la experiencia.

"Evaluar la concesión de autoridad"
Es necesario confiar en la capacidad del mentor coach para dar feedback. Una manera de ganar confianza es compartiendo con él (y con los compañeros, en el Mentor Coaching grupal) los aspectos del feedback recibido con los que se está de acuerdo, reconociendo la experiencia como una oportunidad de aprendizaje y crecimiento profesional, y agradeciendo por las observaciones realizadas. Si el coach no confía en su mentor coach

son muchas las posibilidades de que se "defienda" y no integre el feedback recibido.

"Tener apertura al escuchar"

El proceso de Mentor Coaching requiere que el coach esté abierto al feedback correctivo que vaya a recibir. Si el feedback correctivo es vivido como crítica, el coach puede ponerse a la defensiva.

"Indagar"

En caso de que el feedback recibido no sea claro o evidente, el coach debe pedir clarificación y ejemplos. En todos los casos se sugiere reflexionar antes de responder emocionalmente a las observaciones.

"Chequear escucha"

Es importante que el coach escuche atentamente y evite dar explicaciones, excusas y justificaciones para defender su intervención. En cambio, hay que lograr que se esfuerce por entender los puntos de vista del mentor coach y de sus colegas. Recordar que el parafraseo es una herramienta útil para asegurar el mutuo entendimiento.

Resistencia al feedback

El *Diccionario de la Lengua Española* (RAE) define la resistencia como "una oposición a la acción de una fuerza". En el ámbito del psicoanálisis se dice que es la oposición que ofrece el paciente en tratamiento psicoanalítico a las interpretaciones del terapeuta. Se la entiende como una defensa inconsciente, que busca impedir que aflore algo que está reprimido. En Mentor Coaching vinculamos la resistencia con una dificultad para aceptar las observaciones que el coach recibe sobre su desempeño.

La capacidad para estar abierto a recibir feedback depende de varios factores. Entre ellos están las experiencias positivas o negativas cosechadas al recibir feedback a lo largo de la vida personal y laboral. Reconocer esas emociones nos permite ser más efectivos al lidiar con el feedback y poder darlo sin que quien lo recibe se sienta agredido.

La seguridad y la confianza del coach en sí mismo, en el mentor coach y en el proceso de Mentor Coaching, la apertura para seguir aprendiendo y la capacidad de auto-evaluación son aspectos que disminuyen notablemente la resistencia al feedback.

En su libro *Metamanagement,* Fredy Kofman explica que cuando queremos aprender algo nuevo es común encontrarnos con *enemigos del aprendizaje,* que siempre pueden cruzarse en nuestro camino; pero también advierte el autor que si podemos identificarlos y reconocerlos es menos complejo trabajar sobre ellos y superarlos.

Los enemigos del aprendizaje más comunes que pueden presentarse durante el proceso de Mentor Coaching son:

La ceguera cognitiva acerca de nuestra propia incompetencia. No nos damos cuenta de que no sabemos. Estamos ciegos a lo que no sabemos, lo cual nos puede llevar a creer que no tenemos nada que aprender. Esto lo observamos en coaches experimentados que creen que no necesitan seguir desarrollando sus habilidades. La humildad es requerida para reconocer áreas de mejora y dedicar tiempo y energía para alcanzar nuestras metas de aprendizaje.

El miedo a reconocer nuestra ignorancia y que nuestra autoestima o nuestro ego se vean dañados. Diferente de la ceguera, el miedo puede hacernos rechazar algo que no conocemos. Puede estar ligado a maltrato recibido en tiempos anteriores en el marco de faltas de respeto o abusos de poder. Muchas personas tienen experiencias traumáticas durante su niñez, y esto influye en su relación con el aprendizaje y con recibir feedback a lo largo de toda su vida. Los miedos al fracaso, al éxito o al ridículo también pueden boicotear el aprendizaje. El reconocimiento de estos miedos universales permite enfrentarlos desarrollando diálogos internos que los desafíen, y así estar dispuestos para aprender aun cuando haya miedo. Nunca olvidemos que valiente no es el que no tiene miedo, sino aquel que teniéndolo sigue adelante.

La vergüenza a mostrar incompetencia y **el miedo al ridículo**. La capacidad necesaria para arriesgarse a cometer errores, equivocarse y corregirlos requiere la habilidad de reconocerse como aprendiz, con humor y humildad. La falta de liviandad en el proceso de aprendizaje puede quitar la oportunidad de convertirlo en una experiencia gratificante. En la medida en que el coach esté dispuesto a tomar riesgos, con el compromiso de aprender y hacer el mejor trabajo posible, mayor será la posibilidad de aprendizaje.

El orgullo, que impide pedir ayuda. Saber pedir ayuda nos hace más humanos y nos permite alcanzar nuestros objetivos. El coach necesita dar autoridad al mentor coach, estar dispuesto a aprender y poner el ego de lado, para no vivir el feedback como una herida narcisista.

La pereza frente a la necesidad de darse tiempo para prepararse y para practicar lo aprendido. El proceso de aprendizaje requiere poner energía en un trabajo que muchas personas no están dispuestas a hacer. Hay personas que prefieren ser incompetentes a tener que trabajar intensamente para desarrollar nuevas habilidades. La pereza debe ser enfrentada con disciplina.

La impaciencia, el querer aprenderlo todo "ya" y la falta de tolerancia frente al hecho de no poder aplicar lo aprendido inmediatamente. En nuestros programas de entrenamiento de Coaching y Mentor Coaching, algunas veces los participantes quieren hacer todo perfecto desde la primera sesión, y aunque les expliquemos que la expectativa es desarrollar habilidades a lo largo de varios meses de aprendizaje, no tienen paciencia y se frustran a poco de empezar. Ser amorosos y compasivos con nosotros mismos es importante para aprender. Cuando en nuestro diálogo interno escuchamos mensajes negativos sobre nuestra propia persona, necesitamos cambiarlos por otros positivos, y reconocer que el aprendizaje y el desarrollo de habilidades de Coaching y de Mentor Coaching requieren tiempo y dedicación.

La desconfianza en el instructor o en uno mismo. Para aprender, es necesario conferir autoridad a las personas que nos enseñan, y seguir su orientación. También necesitamos tener confianza en nosotros mismos y creer que podemos aprender. Si no tenemos confianza en nosotros, podemos crear una profecía autocumplida mediante la cual nos termina pasando aquello que temíamos que ocurriera. En estos casos, somos nosotros mismos los que creamos las condiciones para que suceda lo que conscientemente no deseamos.

Podemos concluir entonces que **la ceguera, el miedo, la vergüenza, el orgullo, la arrogancia, la pereza, la impaciencia, la desconfianza, la confusión, la perplejidad, el aburrimiento y la resignación** son los enemigos del aprendizaje que pueden encontrar los mentor coaches al dar feedback, y que identificarlos permite poder trabajar sobre ellos.

Interesa especialmente diferenciar la resistencia que se da en el Mentor Coaching grupal frente al individual. En el grupal, sobre todo los coaches con mucha experiencia pueden llegar a sentirse excesivamente vulnerables frente a la mirada de sus colegas, y perder presencia o efectividad en sus intervenciones al estar pendientes de la escucha y el feedback de sus compañeros.

En el Mentor Coaching individual, el hecho de manejarse con grabaciones hace que haya menos exposición. Aunque el abrirse y ser escuchado por el mentor coach pueda ser igualmente difícil, la ventaja del feedback individual está vinculada, en este aspecto en particular, a que se da en un espacio más íntimo.

Así como el primer paso del aprendizaje es la aceptación de la propia ignorancia, el segundo paso es asumir la responsabilidad frente a las circunstancias, enfocándonos proactivamente –como sostiene Covey en su libro *Los 7 hábitos de las personas altamente efectivas*– en aquellos factores en los que se puede influir, en lugar de enfocarnos en los que están fuera del círculo de influencia.

Coaches experimentados *versus* coaches en entrenamiento

La resistencia al feedback aparece de manera diferente en coaches que hacen Mentor Coaching como parte de su formación, que en coaches experimentados que cumplen con horas de Mentor Coaching como requisito para obtener la credencial de la ICF.

Hay coaches que vienen de diferentes escuelas y que han desarrollado a lo largo de muchos años de práctica una personalidad profesional determinada, a través de la aplicación de técnicas y estrategias con las que se sienten identificados. La que cultivaron es la modalidad que consideran eficaz, y por lo tanto puede resultarles difícil aceptar la estructura que propone la ICF.

El mayor desafío de estos coaches radica en tener la paciencia suficiente para realizar las prácticas que sean necesarias, y volver a escuchar grabaciones realizadas.

Planteadas las situaciones que venimos describiendo, el mentor coach se puede hacer las siguientes preguntas: "¿Qué puede estar ocultando esta impaciencia?". "¿Puede haber algo relacionado con el sabotaje personal?". Como puede apreciarse, lo que se impone en estos casos es una exploración en el "qué", o sea, en la inquietud, y en el "quién", la identidad del coach.

Es común ver cómo coaches exitosos y con mucha experiencia suelen encontrar en el feedback un ataque a su ego, lo que está fuertemente vinculado con su imagen pública y su autovaloración. En estos casos aparece una gran dificultad para exponerse frente a colegas y recibir lo que viven como críticas a su desempeño, que no aceptan. Estos coaches, que se consideran expertos, pueden a menudo desvalorizar y desacreditar el feedback que reciben. Frente a esto, cabe reflexionar que nuestra cultura valora más el conocimiento que la voluntad de aprender.

En el caso de los coaches en formación, lo que más observamos con relación a la resistencia es la justificación vinculada a la "inseguridad" frente a lo nuevo. Algunas de las frases que se escuchan son: "no voy a poder aprender", "es difícil para mí" o "no lo entiendo". En algunas personas pueden prevalecer la inseguridad, la angustia y la autodesvalorización.

Estrategias para disminuir la resistencia

El mentor coach debe crear un contexto propicio para disminuir la resistencia, así como el miedo al fracaso o al ridículo; y puede hacerlo invitando a los coaches a reconocerse como principiantes que deben darse permiso para cometer errores. La idea es pedirle al coach en formación que se dé el tiempo necesario para practicar lo aprendido e incorporarlo.

En los procesos de Mentor Coaching hay que plantear la práctica del Coaching como una actividad de la que todos vamos a salir ganadores, porque todos aprendemos tanto de las intervenciones efectivas como de los errores propios y ajenos.

Los mentor coaches tienen como objetivo que los coaches lleguen a aceptar el feedback y a aplicar los conocimientos adquiridos a su práctica. Crear el contexto para que esto suceda es clave. Hay que tener especial cuidado de no descalificar al coach y no ponerse en un lugar de superioridad.

Para disminuir la resistencia, recomendamos:

1. Enfocarse en la preparación para dar y recibir feedback, siendo sensibles al nivel de vulnerabilidad del coach y actuando en consecuencia.
2. Al principio del programa de Mentor Coaching, crear un contexto de confianza y hacer aparecer como algo normal la posibilidad de que alguien se sienta incómodo recibiendo feedback. Por ejemplo, decir: "Vamos a dejar el ego al costado. Todos sabemos las dificultades que implica el hecho de exponerse practicando frente a otros colegas. Lo importante es estar cien por ciento 'presentes' y hacer nuestro trabajo de la mejor forma que podamos".
3. Hacer énfasis en que lo que se va a brindar es feedback sobre lo que sucederá en una sesión específica y no en toda la práctica profesional del coach. Dejar bien claro que se apunta a lo que hizo el coach en *esa* sesión y no a su identidad como profesional; y que se está frente a una "experiencia de laboratorio" de la que todos deben aprender, y que incluso los mentor

coaches seguimos aprendiendo de cada experiencia de Coaching que observamos.

Síntesis

El feedback es siempre positivo y constructivo, pero puede ser alentador o correctivo. Debe haber un equilibrio entre el feedback alentador y el correctivo, y ambos deben brindarse respetuosamente y apoyando al coach para favorecer su aprendizaje.

- El feedback *y el feedforward* son dos componentes importantes para el proceso de aprendizaje.
- El feedback debe constituir un diálogo, no un monólogo.
- El feedback se enfoca en comportamientos puntuales observados en una sesión determinada, y no en la persona del coach.
- A la hora de dar feedback son de suma importancia dos competencias: la "escucha" y la "presencia".
- Debemos prestar suma atención tanto al dar como al recibir feedback.
- El feedback debe ser específico y concreto, centrado en cada una de las competencias que avala la ICF y en las conductas exhibidas por el coach con relación a esas mismas competencias.
- Hay que prestar especial atención a los *enemigos del aprendizaje* y a las resistencias en todo proceso de Mentor Coaching.

Parte 2

Las sesiones de Mentor Coaching y sus análisis

Como ya mencionamos al comienzo de esta obra, el Goldvarg Consulting Group ofrece, desde comienzos de 2014, certificaciones en Mentor Coaching. El programa entrena a coaches experimentados para que puedan brindar Mentor Coaching a colegas en formación. En esta sección, nuestro objetivo es mostrar cómo funciona ese proceso; y lo explicamos utilizando desgrabaciones de cuatro casos. Como podrá apreciar el lector, cada caso incluye: una sesión de Coaching entre colegas, el feedback que recibió el coach, el que recibió el mentor coach, y finalmente un análisis de mayor profundidad, mediante el cual se busca esclarecer el rol del mentor coach teniendo en cuenta las competencias específicas que hemos desarrollado.

CAPÍTULO 4

CASO 1

Coach: Diana
Cliente: Oswaldo
Mentor coach y facilitador: Damián

Creación del contexto de la sesión de Mentor Coaching

Esta es la primera sesión de práctica del programa de Mentor Coaching, y por este motivo el encuentro se inicia con el mentor coach creando el contexto de trabajo y explicando qué se va a analizar grupalmente en el "acuerdo" antes de que el coach continúe con la conversación. El objetivo didáctico es profundizar sobre esta competencia, para asegurarse de que el coach explora y demuestra las habilidades previstas en el Modelo de Competencias de Coaching de la ICF.

Es útil observar que el mentor coach anuncia: "En vez de tener una sesión de Coaching completa, el coach va a definir el acuerdo de Coaching y vamos a detenernos ahí. Vamos a analizar el acuerdo y después vamos a seguir con la sesión". El mentor coach también invita a los participantes reunidos virtualmente a apagar sus cámaras y sus micrófonos para que en la pantalla queden solamente el coach y quien hace de cliente.

Sesión de Coaching: primera parte

Coach: Hola, Oswaldo. Buenas noches. ¿Cómo estás?

Cliente: Bien, muy bien. Gracias, Diana. Buenas noches.

Coach: ¿Qué tal? ¿Cómo va tu semana? ¿Cómo ha ido desde la última sesión?

Cliente: Bueno, desde la última sesión he tenido unas semanas bastante llenas de trabajo, afortunadamente. No sé si recuerdas que en mi última sesión hablamos de mi disciplina para el deporte. Afortunadamente, ya regresé. Ya estoy otra vez al cien por ciento en la parte deportiva. Pero lo que hoy me gustaría hablar contigo tiene que ver más con mi actitud empresarial.

Coach: ¿Qué aspecto de tu actitud empresarial quisieras trabajar hoy?

Cliente: Fíjate que hay una parte que tocamos en la última sesión y a mí me gustaría continuar… Hablaba yo de la selección de mis aliados y de mis socios. De eso me gustaría hablar hoy.

Coach: ¿Qué diferencia haría para ti poder trabajar esto?

Cliente: Primero, el identificar el mensaje que yo le quiero hacer llegar a mi gente para que sea de confianza… O no de confianza, sino con una comunicación más estrecha, más expedita. Tal vez en eso me faltaría definir ciertos puntos de la bonita relación que se viene construyendo.

Coach: Dime una cosa, Oswaldo: ¿para qué quieres trabajar esto?

Cliente: Como lo comentaba, para enviar ese mensaje de confianza, ese mensaje de compromiso. Para solidificar los lazos que hoy nos están uniendo, y bueno, que esto nos permita ir aún más allá en nuestros proyectos.

Coach: ¿Y cómo te vas a dar cuenta, al final de esta sesión, de que lograste esto que estás poniendo en la mesa?

Cliente: Creo que dándome cuenta de que el mensaje que les estoy enviando es el… No quiero decir ni correcto ni incorrecto… sino que es el adecuado para ellos. Incluso escuchándolos, porque ahorita me acabo de dar cuenta de algo (risas): a veces, yo propongo y no estoy escuchando.

Coach: Entonces, dime: ¿cómo te vas a dar cuenta entonces de que…?

Cliente: Identificando esa forma de comunicación que hoy estoy teniendo y esa forma de comunicación que me puede llevar más allá.

Coach: Esa forma de comunicación que te puede llevar más allá…

Cliente: Y estoy hablando en primera persona. Esto no tiene que ver con ellos. Tiene que ver conmigo.

Coach: A ver si estoy entendiendo, Oswaldo. Lo que tú quieres es trabajar esta parte de cómo te comunicas con tus socios, para poder crear un ambiente de confianza y una comunicación más sólida, más…

Cliente: Efectivamente. Sí, quiero poder escucharlos mejor y tener una mejor comunicación partiendo de esa mejor escucha.

Coach: ¿Qué es para ti escucharlos mejor?

Cliente: Una de mis áreas de fortaleza es que yo planeo. Me gusta planear, ¿no? Y, dentro de esa planeación, muchas veces no escucho. Aunque yo planteo y están los pasos planteados, a veces no escucho; y me doy cuenta cuando definimos algo y eso no se concreta. Mi creencia es que dentro de esa planeación, a lo mejor, omití escuchar algo. Entonces, durante esta parte, esta fase que es tan importante, creo que para mí sería muy conveniente poder escuchar mejor a mis interlocutores.

Coach: ¿Puedo volver a preguntarte, nada más que para que quede bien claro que estamos en la misma línea, cómo se sentiría para ti el escucharlos mejor?

Cliente: Para mí, un indicativo de que estoy escuchando mejor se vería reflejado en una coordinación de acciones más adecuada. De repente, por nuestras agendas, unos estamos en un tiempo y otros están desfasados en tiempo. Entonces, a lo mejor, eso podría ayudarme a mí, en lo personal, a darme cuenta de que tengo la escucha más adecuada. El acoplamiento de tiempos podría ser un buen indicador.

Coach: OK, precisemos entonces, al finalizar esta sesión, cuál puede ser un indicador para ti.

Cliente: Puede ser un indicador esto del acoplamiento en cuanto a tiempos del establecimiento de esos acuerdos que ahora, a lo mejor, no está. Siento que no los he puesto del todo claros en la mesa.

Coach: Entonces, ¿me podrías repetir bien cuál sería el objetivo tuyo en esta sesión y cómo te vas a dar cuenta de que lo lograste?

Cliente: Sí, creo que mi sesión de hoy la centraría en la mejora de la comunicación. En la forma en que estoy estableciendo los acuerdos con mis socios o aliados, y en cómo, desde ahí, vamos generando todo lo demás, sincronizando nuestras agendas.

Coach: ¿Y cómo te darías cuenta tú, después de esta sesión, de que te estás comunicando de otra manera con ellos?

Cliente: Una de las formas en las que creo que podría darme cuenta es notar que estoy escuchándome primero a mí... Identificando qué es lo que tengo yo que me permite ver esto de esa manera.

Coach: ¿Y cómo sentirías que estás escuchándote?

Cliente: Creo que muy claramente en los oídos y en la cabeza. Ahorita se siente así como una especie de vacío donde no hay nada.

Coach: Y cuando estás con algún socio, o posible socio, ¿cómo se sienten esa cabeza y esos oídos?

Cliente: Imagínate que es una lluvia de ideas, es una tormenta de ideas. Muchas veces perfectamente ordenadas, otras, no tanto; pero siempre buscando ese acomodo y ese espacio para que las nuevas posibilidades lleguen y permitan tener una mejor interacción. Hoy tuve una junta con

una persona que quiere que nos aliemos en algunos negocios, y algo que me abrió mucho los oídos fue que me dijo:
"Oswaldo, yo estoy aquí contigo para ver qué nuevas posibilidades podemos generar juntos". Y eso, automáticamen-
te, a mí me activó. Cuando escucho esa palabra, "posibilidades", me activo, algo en mí se activa. Y bueno, llegamos
a cosas interesantes; pero también regreso a mi parte del
hacer, a mi parte planificadora, y entonces digo: "Bueno, sí,
está bien, hagamos esto; pero yo te invito a que lo hagamos
de esta forma". De una forma en la que quede creada una
estructura; aunque dejando siempre espacios para nuevas
posibilidades.

Coach: Entonces, déjame verificar si entendí. Después
de esta reunión que tuviste hoy con tu socio, con tu posible
socio, con quien estabas planeando posibilidades, te sentiste bien, y así te gustaría sentirte siempre cuando terminas
una reunión. ¿Es eso lo que quieres trabajar hoy?

Cliente: Me gustaría ir más allá. No quedarme nada más
que en el sentirme cómodo. He encontrado también algo
en mí: es que cuando hay algo que me incomoda, eso que
me incomoda, a la vez me permite descubrir cosas que no
estaba viendo. Entonces, lo que quiero, también, en esas
reuniones, es encontrar eso que me incomoda y permitirme
a mí mismo poder ampliar mi espectro. Tener una mirada
más amplia.

Coach: Si me dejas comentarte algo, Oswaldo, que estoy
viendo… Quiero decirte que no tengo claro… A lo mejor
tú sí, pero a mí no me queda muy claro ni cuál es el tema
que quieres trabajar, ni cómo te vas a dar cuenta de que
lograste un resultado.

Cliente: En eso coincido contigo. Ahorita estaba pensando en que el estar así me ubica en mi zona de confort, y
no me permite… Si bien me permite recibir posibilidades
y decirme: "¡Ah! qué bueno, eso no lo tengo y sí va a su-
mar…". Pero, realmente, no me deja salir de mi zona de

confort porque es algo que ya sé que necesito. Hoy, expresamente, mi actitud hacia estas alianzas, mi forma de comunicarme con los socios para poder ir realmente más allá de donde estoy, del área que conozco perfectamente... Y esto habla mucho de mi actitud, de cómo verme frente a esas posibilidades y descubrir qué es lo que tengo yo. No son ellos. Hablo de mí. Hablo de la forma en que me estoy comunicando. ¿Cómo voy a descubrir el problema? Descubriendo cuál es esa actitud que tengo respecto a esta forma de comunicarme

Coach: Entonces, si descubres en este momento cuál es esa actitud que no te deja salir de esta comodidad...

Cliente: Voy a decir que conseguí lo que quería en esta sesión.

Coach: ¿Y cómo te vas a sentir?

Cliente: Ah, bueno... Voy a sentirme... Quizá voy a sentirme incómodo al final, porque es algo que no conozco; pero también voy a sentirme muy contento, porque habré descubierto algo interesante para mí...

Coach: Descríbeme esa incomodidad.

Cliente: Mira, esa incomodidad se siente así como acá, en la boca del estómago. Es como que me retuerce, pero con la satisfacción de que sé que hay algo ahí que no sabía.

Coach: Entonces, si sientes que te diste cuenta de algo que no sabías y lo sientes en la boca del estómago, ¿vas a poder darte cuenta de que cambiaste esa actitud?

Cliente: De que descubrí cuál era esa actitud y que estoy en la posibilidad de cambiarla. Así es.

Coach: Entonces, dime una cosa, Oswaldo: ¿qué es esa actitud?

Cliente: Mira, ahorita que estábamos en el período de exploración, me percaté de algo: mi mente siempre está en la parte de planeación, en la parte de... Me ubica ya perfectamente en el espacio que estoy construyendo para algo, y también me estoy dando cuenta de que el moverme de ahí me da miedo. Salirme de ahí está fuera de lo planeado… ¿Cómo le voy a entrar? No… *(risas)*. Entonces, pues sí, me da miedo y prefiero irme por la segura. Sé que me falta algo, prefiero irme por la segura con eso de que sé que me falta algo, no con eso de que… de que no sé qué me falta *(risas)*.

Coach: ¿Cómo se siente estar en "no sé qué me falta"?

Cliente: *(Risas)* Mira, se siente… Yo me siento desarmado, ¿no? No sé si me falta equis cosa, y me siento desarmado. No estoy en medio del confort y fíjate que ahorita me doy cuenta de algo. Por eso no le entro.

Coach: OK.

Intervención del mentor coach

Mentor coach: Vamos a detenernos aquí. Les pido a todos que enciendan sus cámaras para que tengamos una conversación sobre el acuerdo, sobre esta primera parte que acabamos de escuchar, y después vamos a seguir con la sesión. Diana, ¿en qué fuiste efectiva?

Coach: Yo me sentí bastante tranquila haciendo el acuerdo; pero no encontraba cómo aterrizarlo en algo. O sea, se me iba para un lado, se iba para otro lado, le daba vueltas y demás, y me costó trabajo llevar al cliente a que se saliera de lo que ya conocía, de su discurso, para llegar a cómo se sentiría y a sobre qué quería trabajar. No fue fácil, pero me sentí cómoda trabajando. Llegamos a un acuerdo en el que él se pudo dar cuenta de qué es lo que va a suceder en la sesión y qué es lo que realmente quiere trabajar. Me tomó más tiempo de lo esperado, pero no encontraba cómo bajarlo a algo diferente.

Mentor coach: Fuiste efectiva en el acuerdo, Diana, ya que hasta que no lo encontraste, no lo dejaste ir *(risas)*.

Coach: Sí.

Mentor coach: ¿Cuál es tu entendimiento de qué es exactamente lo que se quiere llevar Oswaldo y de cómo va a saber que se lo lleva?

Coach: Bueno, él quiere ver una actitud diferente hacia cómo manejar esa área de confort donde si no planea o si se sale de lo planeado, prefiere abandonar el trato. Entonces, y ahí ya viene mi interpretación, lo que vamos a trabajar es el control y su zona de confort. Vamos a trabajar eso de que si él no tiene todo bajo control y bajo sus lineamientos, si se sale de ahí, no puede mantenerse en línea con sus interlocutores. Siento que va por ahí. Y ¿cómo se va a dar cuenta de cuando consiga esto? Cuando sienta ese golpe en el estómago que le diga que quiere salirse de lo que ya conoce *(risas)*.

Cliente: *(Se ríe)*.

Mentor coach: Oswaldo, para ti, en estos primeros 15 minutos, ¿qué fue efectivo?

Cliente: Fue efectivo que vi tres cosas que para mí fueron contundentes. Una, me di cuenta de la actitud que tengo, y todavía no llegamos a la parte profunda. Si bien no quería entrarle al tema de frente... Perdóname, Diana, le di vueltas al tema; pero sí, la verdad es que hoy me di cuenta de eso que no quería ver. Ya al final, cuando tú me formulas la pregunta "¿qué se siente cuando no quieres hacer eso?"... Bueno, pues se siente miedo. *(Risas)*. Sí, la verdad es que me facilitaste, durante tu exploración, dos o tres reflexiones. Si bien el acuerdo fue largo, creo que me hizo ver dos o tres cosas exactamente donde creo que va a estar el punto de quiebre.

Mentor coach: No importa cuán corto o largo es el acuerdo. Lo importante es que haya claridad. Y a veces es un desafío, porque el cliente puede no tener claridad sobre lo que quiere conseguir. Entonces, una de las cosas que trabajamos como mentor coaches es asegurarnos de que cuando no haya claridad y haya ambigüedad les daremos feedback a los coaches para asegurarnos de que hasta que no tengan claridad, no sigan con la sesión…

Coach: Sí, eso fue lo que yo traté de hacer. Traté de llevarlo, llevarlo, llevarlo, hasta que él tuviera claro qué era lo que iba a sentir y cómo lo iba a sentir, y qué era lo que quería trabajar.

Mentor coach: Vamos a preguntarles a los demás qué están escuchando y después vamos a pasar a la segunda parte de la sesión. ¿A quién le gustaría comentar qué comportamientos, qué marcadores observó en el acuerdo de Coaching?

Susie: A mí, Diana me hizo ver que estaba muy presente, porque le dijo sinceramente a su cliente: "¿Sabes qué? No te estoy entendiendo. Creo que no me queda claro qué es lo que quieres trabajar". En ese punto a mí me hizo sentir confianza. Creo que ahí utilizó muy bien esa competencia: la presencia. Estaba totalmente presente. En cuanto decía algo Oswaldo, incluso con sus sonrisas, con sus gestos, con su tranquilidad, creo que ella estaba presente. Al principio sí sentí que era una pregunta tras otra. Incluso las apunté: "¿Qué quieres trabajar?", "¿Cómo lo vamos a medir?"… Y yo creo que eso fue lo que hizo que no llegara tan rápido a la profundidad. Y cuando Diana se relajó un poquito, y empezó con un tono más de "a ver, ¿qué está pasando aquí?", Oswaldo reaccionó. También ahí creo que la confianza empezó a jugar. La escucha activa también creo que estuvo muy presente cuando parafraseó.

Mentor coach: Estoy de acuerdo con tus comentarios, Susie. Yo sé que Diana es muy efectiva en todas estas áreas que compartiste. Enfoquémonos, en estos primeros minutos, en el acuerdo.

Concepción: Oswaldo invitó a Diana a bailar, pero no hubo un acuerdo acerca de cuál era el baile que iban a danzar. Diana fue muy efectiva en precisarlo en un ambiente de confianza, de presencia, de tranquilidad; pero no estaba claro qué es lo que iban a bailar. Diana fue persistente y aguda en precisarlo, para aclarar el acuerdo, y buscó hacerlo hasta el último momento. Fue muy explícita y sincera, y este es otro elemento que yo reconozco en ella.

Mentor coach: Esto que tú dices, Concepción, es importante, porque muchas veces el cliente no tiene claridad sobre qué es exactamente lo que quiere conseguir. No tenemos que elaborar un juicio negativo sobre nosotros como profesionales por no entender lo que nos propone el cliente, sino que tenemos que seguir indagando, explorando, hasta que tengamos esa claridad, para lograr ese acuerdo. Hasta que no esté cerrado el acuerdo, no nos podemos mover hacia adelante. A mí me parece que Oswaldo tenía muchas cosas en la cabeza, y que él mismo se dio cuenta de que había una parte de él que le cerraba su propio camino. Muchas veces, con nuestras creencias y nuestros pensamientos, somos nuestro peor enemigo. Nosotros mismos nos cerramos el camino hacia la claridad que nos permita trabajar las inquietudes. Diana siguió explorando y preguntando hasta que eso quedó con mayor claridad. El tema de la actitud es un poco complejo como acuerdo de Coaching. Creo que ahí también hay un desafío, Diana. El cliente viene y dice: "¡Quiero cambiar mi actitud!". Es complejo poder medir esa actitud. Quizás hay que buscar algo más específico, más concreto. Por ejemplo, el cliente puede acordar que en la sesión quiere explorar su inquietud para tener una nueva mirada sobre qué es lo que le pasa cuando trabaja con sus clientes.

Coach: OK.

Mentor coach: Esto no les pasa solamente a Diana y a Oswaldo en particular. Sucede en general cuando estamos trabajando con nuestros clientes. Tenemos que colaborar en ese baile, como lo llama Concepción. Ver cómo nos ponemos de acuerdo, qué vamos a bailar, y esto, a veces, tiene que ver con la clarificación de las palabras que utiliza el cliente. Diana lo hizo. Diana iba preguntando "¿qué quieres decir con esto?", "¿qué quieres decir con lo otro?". No daba nada por sentado, y eso es muy importante para poder tener claridad. Incluso, al final, Diana preguntó: "·¿Qué quieres decir con *actitud*?". Esa pregunta sobre la actitud hubiera sido bueno hacerla más temprano.

Coach: OK.

Mentor coach: Porque eso es lo primero que él te dice. Te dijo: "Quiero trabajar en mi actitud empresarial". En ese mismo momento hubiera sido bueno ver qué quiso decir con "actitud empresarial". Se lo preguntaste, pero si se lo hubieras preguntado al principio, podrías haber tenido más claridad sobre lo que quiso decir con esa expresión. Y él también habría tenido más claridad para identificar de qué manera podría saber que consiguió lo que quería.

Coach: OK.

Julián: Vi un juego de gato y ratón al principio. Era como un ping-pong. Oswaldo habló de algo muy importante: la escucha. De dónde quedó la escucha. Porque creo que también a él le estaba haciendo un ruido bastante fuerte, y creo que esto se dejó pasar. ¿Dónde quedó la escucha?

Mentor coach: El desafío, Julián, es que Oswaldo dijo muchas cosas. Entonces, en la conversación, la metáfora que yo utilizo, y ustedes pueden utilizar la metáfora que quieran, es la de las puertas. El cliente va presentando puertas al hablar. Por ejemplo, Oswaldo mostró un montón de puertas, y Diana tuvo que elegir qué puerta abrir, por dónde se iba a meter. Tal vez tú, Julián, te hubieras metido por una puerta que Diana dejó pasar porque eligió otra.

Julián: Me acordé de que una vez te vi haciendo algo muy efectivo. Recuerdo que dijiste: "Bueno, he escuchado que está la puerta de la escucha, la puerta de una mejor actitud, pero ¿cuál te resulta más significativa para trabajar?".

Coach: Esa es otra posibilidad. Decirle al cliente lo que uno está escuchando, enumerando las puertas para que él elija cuál es la que quiere abrir en esa sesión.

Liliana: Desde mi juicio grande como una casa *(risas)*, yo vi, al principio, el tema de la presencia. Estabas buscando preguntas en la cabeza y en un momento confiaste. Y fue buscando que lo agarró al cliente, quien se estaba escapando. Porque él estaba jugando contigo como el gato y el ratón. Era como si dijera: "Bueno, sí pero no. No pero sí. Si nos vamos para arriba, no. Vamos para abajo. No, pero ahora vamos a hablar de esto. Vamos a hablar de lo otro". Y yo pensé: "Se enredan, y no sé si este juego les está sirviendo para algo"… El acuerdo parecía ser, al comienzo, no hacer un acuerdo *(risas)*. Para mí estaba clarísimo que la idea era no llegar a ningún acuerdo, y posiblemente sea ese el tema principal. Bueno, yo me hubiera metido por ahí…

Mentor coach: Gracias por traer este comentario, Liliana; porque creo que lo que pasó en esta conversación pasa muchas veces con los clientes. Se trata de saber qué hacemos y cómo lo hacemos. A eso tenemos que agregar, en este caso, el condimento de que en este momento nos están observando los colegas *(risas)*.

Julián: Nosotros ya sabemos de Coaching; pero esto es a lo que te enfrentas con clientes que no tienen ni idea de lo que es el Coaching, que tienen sus primeras sesiones y que están como gatos saliéndose por aquí y por allá buscando las vías de escape. Entonces creo que Diana y Oswaldo nos han puesto en este escenario… Esto es muy importante, me queda muy clara la importancia de los pilares y los fundamentos de *mi casa*, que es el acuerdo. El acuerdo es igual que los cimientos de una construcción.

Mentor coach: Excelente oportunidad de aprendizaje, Diana. Yo te quiero reconocer a ti por algo que hiciste muy efectivamente y que es muy importante para todos. Presten atención a esto: cuando Oswaldo fue a buscar medidas del éxito fuera de la sesión, Diana lo trajo de vuelta. Diana le dijo: "No estamos hablando de lo que vas a hacer después con tus clientes, estamos hablando de esta sesión, de qué es lo que vas a querer conseguir en esta sesión". Eso es muy importante, Diana. Lo hiciste muy efectivamente, porque es muy fácil para el cliente hablar de qué es lo que va a pasar después. Lo que va a pasar después va a estar incluido, eventualmente, en la conversación sobre el diseño de acciones, ¿sí? Pero lo importante es que en la etapa de acuerdo quede claro cómo va a medir nuestro cliente el éxito de los resultados de esta conversación, de esta sesión. Diana hizo esto muy bien y fue un muy buen modelo para todos de cómo se trae al cliente de vuelta a la conversación sobre lo que quiere conseguir en la sesión de hoy. En este acuerdo, también hubo para Oswaldo un montón de "darse cuenta" de varias cosas *(risas)*.

Norma: Estoy de acuerdo con todo lo que dijeron. Todavía tengo incertidumbre acerca de cuál es el acuerdo, el tema, en qué quiere trabajar específicamente Oswaldo. Tal vez esto amerite una pregunta. Yo acostumbro, en esos casos, preguntar: "Pero, concretamente, a ver, ¿qué quieres trabajar?". Porque si no es complejo precisar el destino de la sesión de Coaching. Pero, como tú dices, Damián, lo útil de esta primera parte es que el cliente se dio cuenta de varias cosas.

Mentor coach: El tema es que Diana le preguntó eso tres veces a Oswaldo. Ya no sabía cómo preguntarle *(risas)*. No sabía cómo hacer; pero la pregunta sí se la hizo. Se la hizo varias veces. Él no terminaba de aclararlo. Sobre el final yo tampoco tenía claro cuál era el acuerdo. Por eso te pregunté, Diana: "Entonces, ¿cuál es el acuerdo?". Es importante articular con nuestras palabras nuestro entendimiento. Poder decir, por ejemplo: "Lo que yo entendí es que lo que tú quieres trabajar tiene que ver con tu actitud empresarial. A partir de esta conversación, te vas a dar cuenta de que consigues lo que quieres si tienes mayor claridad sobre cómo escuchas o sobre qué te pasa a ti con tus clientes y tus socios cuando hay que cambiar la situación. Y esto es importante para ti, porque...”; en ese momento parafraseamos claramente para arribar al acuerdo, y después preguntamos, en el caso de este ejemplo: “Oswaldo, ¿por dónde quieres empezar?”.

Coach: No con estas palabras, pero al final de cuentas lo articulé. Le dije: “Entonces, lo que tú quieres trabajar es esta actitud que tienes cuando te cambian los planes y te sientes inseguro y quieres...” No usé “inseguro”, pero le dije “te quieres salir del acuerdo, porque los planes no están como tú los habías definido, y lo vas a sentir en el estómago”. Creo que eso lo articulé, y por eso ahí fue donde me dije: “Bueno, ya acabé. Ya está el acuerdo”.

Mentor coach: Tal vez, para mí no estuvo tan clara esa división. Lo importante aquí, y debe ser un aprendizaje para todos, es que cuando trabajamos en cocrear la relación, la manera más efectiva de empezar la exploración es preguntarle al cliente por dónde quiere empezar. Es muy importante cocrear la relación. En esta segunda parte, lo que les voy a pedir es que presten mucha atención a cómo Diana cocrea su relación con Oswaldo. Recuerda, Diana, los silencios, que tal vez estuvieron faltando. Tú estás trabajando para conseguir tu credencial como Master Certified Coach, y la forma de ser de un MCC está vinculada con mucha experiencia, que da mucha tranquilidad, que facilita que no se necesite demostrar nada. Entonces, Diana, posiciónate en ese lugar de maestría, para tener esta segunda parte de la conversación. ¿Qué te parece?

Coach: OK.

Mentor coach: Estás haciendo un trabajo efectivo, Diana, así que adelante.

Coach: Gracias. Gracias... *(Risas)*. OK.

Mentor coach: Menos Diana y Oswaldo, todos cerramos los micrófonos y las cámaras.

Sesión de Coaching: segunda parte

Coach: Oswaldo, ¿quieres recordar en qué estábamos?

Cliente: Sí, estábamos hablando de lo que me pasa cuando estoy conversando con mis socios o aliados, y específicamente de lo que me ocurrió hoy, de que yo llevo una planeación y cuando empezamos a hablar de posibilidades, las que están dentro de la planeación son bienvenidas, pero las que me sacan de esa área de confort… es como que no las escucho, ¿no? No me doy la oportunidad de poder explorarlas, y específicamente eso es lo que me gustaría trabajar hoy. Qué es lo que tengo que no me permite ver eso que no sé.

Coach: De acuerdo. ¿ Y cómo que te vas a dar cuenta de que logramos tu objetivo para esta sesión?

Cliente: Al empezar ese dolorcito o esa señal en la boca del estómago, ¿no? De hecho, te lo confieso, al inicio tuve tres *insights*; pero para mí es más importante observar esto de que… Si está dentro de lo planeado, está bien. Si no está dentro de lo planeado, salgo de mi área de confort y –voy a utilizar la misma palabra que utilicé hace rato– entonces me da "miedo".

Coach: ¿Cómo defines el miedo en este caso?

Cliente: Mira, el miedo lo defino como esa parte de lo desconocido. Esa parte de lo no preparado que me detiene. Debo reconocer que como mi formación es financiera, está hecha sobre planes, y si los planes no están puestos por escrito, no están definidos, no encajan entonces en mi forma de pensar, y salirme de esa forma de pensamiento me cuesta trabajo y empieza la zona del miedo. Así lo defino yo, como aquello que no está dentro de lo que estoy acostumbrado a manejar y que me detiene.

Coach: Además de esta parte del miedo, estoy oyendo algo sobre lo no planeado, algo sobre lo que queda fuera de control, ¿puede ser? A lo mejor estoy equivocada, pero si me dejas decírtelo, algo estoy oyendo ahí.

Cliente: No, fíjate que no me ubico tanto en la parte del control, porque cuando hacemos la planeación y la consensuamos, la acordamos, yo ya no tengo que estar supervisando o controlando esa zona. Más bien tiene que ver con explorar las áreas que no conozco. Si hubiera sido así, habría sido muy directo cuando hicimos la exploración: "Sí, sí, esto tiene que ver con control". No, más bien tiene que ver con mi miedo a salir de lo conocido.

Coach: Tu miedo a salir de lo conocido.

Cliente: De lo que ya tengo planeado. Esto es lo que conozco, esto es, digamos, y te voy a hablar ahora de algo que yo manejo mucho: esta es la metodología *balanced scorecard*, y de acuerdo con esta metodología, me voy a los pasos uno, dos, tres, cuatro, cinco. Así está planeado. Y lo que encaje en cada uno de esos pasos está bien si lo conozco. Si no lo conozco, entonces ya cambia.

Coach: ¿Qué cambia cuando no lo conoces?

Cliente: Todo. Cambia todo, porque entonces empieza el miedo... a no saber.

Coach: ¿Quién es Oswaldo sin saber?

Cliente: *(Silencio)*. Cuando aparece el Oswaldo sin saber, pues no tiene valor, no es reconocido. Incluso podría decir que no es visto. Cuando aparece el Oswaldo que sí sabe, es reconocido y es visto. Y acabo de darme cuenta de una gran distinción

Coach: ¿Me la puedes compartir?

Cliente: Yo soy y sigo siendo Oswaldo, sabiendo e incluso sin saber. Y las personas con las que me rodeo no me valoran por la cantidad de conocimientos o desconocimientos que tenga, sino por la forma en que nos complementamos, y creo que esto me abre una gran puerta de posibilidades. Y aquí te puedo dar yo mi primer "gracias". No lo había visto así hasta este momento.

Coach: ¿Cómo se siente ahora Oswaldo sin saber?

Cliente: Con un dolor en la boca del estómago y con

ganas de soltar un par de lágrimas. Porque el reconocerme y verme de esa manera me permite ser vulnerable. Y eso es algo que hace algún tiempo me permití disfrutar: el poder ser vulnerable. Y hoy creo que me hacía falta este detalle, el poder ver este detalle de también atreverme a no saber. Y vivir con un no saber.

Coach: Y vivir con un no saber.

Cliente: Con el no saber, así es, con un no saber. Y compartir con un no saber.

Coach: ¿Y qué te abre el compartir no saber?

Cliente: Fíjate que esto me abre… Voy a abrir específicamente dos puertas. Una me permite tener una mejor escucha. Creo que el saber que no sé, el reconocer que sigo siendo Oswaldo aunque no sepa, me permite aprender más cosas. Si bien es cierto que probablemente en algunas áreas yo sepa mucho y en otras ni siquiera sepa agarrar un destornillador o un martillo y un clavo… Y eso también es aprendizaje; es saber… Sí, esto me hace verme de diferente forma.

Coach: Dijiste que te abría dos puertas…

Cliente: La otra puerta es esta: si yo me abro a las posibilidades, la segunda puerta es que puedo construir desde ahí, con una mejor escucha, mejores negocios, puedo mejorar mis planes. Esa parte que a mí me gusta. Esa en la que se dice "a ver, métele números, sácale números". Y escuchando, "mira, nos falta esto, te falta esto"; hoy creo que quise tener esta sesión, para ver lo que estaba pasando ahí…

Coach: Y dime una cosa, Oswaldo, ¿cómo te ibas a dar cuenta en esta sesión de que habías logrado algo?

Cliente: Creo que fui un poco más allá. No solamente me dolió la boca del estómago. También estuvieron a punto de brotarme un par de lágrimas; pero me di cuenta además de cómo poder cambiar la forma de verme o de reconocerme. Me abre infinidad de posibilidades. No solamente lo ubico en el ámbito empresarial o en el ámbito de los negocios. También lo ubico en el ámbito personal.

Coach: Dime una cosa más, Oswaldo: a partir de esto de lo que te acabas de dar cuenta, ¿qué quisieras hacer diferente al terminar esta sesión?

Cliente: Mira, algo que a mí me gustaría hacer diferente es… Siempre inicio mis juntas con lo que quisiéramos ambas partes; pero también creo que hay una pregunta que hoy haría. La pregunta es: "¿Qué es eso que a ti te gustaría poner para que este proyecto sea de primer nivel, de lo mejor, y qué es lo que yo también estoy dispuesto para entregar a este proyecto que es mi mejor habilidad?". Y creo que esa simple pregunta me lleva a poner en práctica esto que acabo de descubrir.

Coach: ¿Algo más? ¿Necesitas algo más?

Cliente: Sí, una cerveza.

Coach: *(Risas)*. Te acompaño.

Cliente: Bueno. Terminamos la sesión y vamos. Me siento, la verdad, muy agradecido, Diana. Me hacía falta esta conversación. Sí que me hizo mucho runrún lo que hoy ocurrió. Y bueno, creo que se cumplió el objetivo de la sesión.

Coach: Gracias, Oswaldo.

Cliente: Gracias a ti, Diana.

Coach: ¿Te vas contento?

Cliente: Me voy contento. Bueno, me voy con el dolor en la boca del estómago…

Coach: Completo.

Cliente: Completo, sí. También con el dolorcito en la boca del estómago, pero ahorita se me va *(risas)*. Pero, de veras, sí que me voy contento y completo, por supuesto…

Coach: Gracias.

Cliente: Me di cuenta de cosas gracias a ti.

Sesión de Mentor Coaching

Mentor coach: Gracias a los dos por esta sesión. Sobre todo por la segunda parte, tan conmovedora, tan cercana. Diana, ¿qué estás pensando?

Coach: Siento que gran parte de la sesión se llevó a cabo en el acuerdo. La mayor parte creo que se centró en el darse cuenta. La segunda parte de la sesión se centró en por dónde él necesitaba ir. Yo me sentí tranquila. Me sentí muy bien después. Me olvidé de que habías dicho que apuntaran las preguntas hasta ahorita *(risas)*; y también sentí que fluyó sin problema esa danza entre Oswaldo y yo.

Mentor coach: Yo creo que Oswaldo reconoció que estuvo dispuesto a estar vulnerable. Dejó ir las barreras y se conectó desde otro lugar. Diana, ¿qué es lo que tú hiciste y fue efectivo en esta conversación?

Coach: Fue hacerle parafraseo de lo que él mismo decía. Fue hacerlo retomar desde el principio; en vez de decirle "bueno, esto fue lo que vimos", hice que él recordara qué fue lo que le había quedado de la sesión. Lo dejé hablar. Nada más. Y lo sentí sumamente enfocado, sumamente dirigido. Cuando él habló de una acción muy clara, que es la de empezar su próxima reunión con una pregunta a su socio, en vez de traer él todas las soluciones me pareció que llegamos a un punto muy interesante de nuestra sesión, porque es algo que Oswaldo nunca había hecho antes. Y así retomamos sin querer la parte de escuchar. Y esto fue y es muy útil, porque él mismo se da cuenta de que no escucha cuando se bloquea.

Mentor coach: ¿Hay algo que te hubiera gustado haber hecho diferente?

Coach: En la primera parte, sí. En la segunda parte, creo que la danza fluyó; o sea, claro que hubo como cincuenta puertas más que Oswaldo pudo haber abierto y que pudo haber retomado, pero de todos modos creo que en esta sesión se logró el objetivo.

Mentor coach: Oswaldo, ¿qué te resultó más efectivo, en esta segunda parte, de lo que hizo Diana? ¿Qué te habría gustado que hubiese sido diferente?

Cliente: Algo que creo que fue muy efectivo fue la escucha. Me sentí muy escuchado. Profundamente escuchado.

No me sentí dirigido o controlado en ningún momento. Diana me dejó navegar, y algo que le agradezco mucho fue la comunicación directa. Preguntas breves, directas al corazón, a desarmarme. Creo que esas dos cosas puedo decir que fueron las más importantes. Me permitió desahogarme de todo lo que yo tenía atragantado, y lo hizo utilizando solamente preguntas directas. Creo que fueron cinco preguntas.

Mentor coach: Si tuvieras que decir, Oswaldo, qué aprendiste de ti mismo en esta sesión, ¿qué dirías? ¿Cómo harías una síntesis de qué es lo que sabes ahora y desconocías antes de la sesión?

Cliente: La forma en la que me estoy reconociendo. Es el observador que yo originalmente traje a la sesión, que incluso no me permitía aterrizar en mi acuerdo, seguramente porque estaba temeroso de que lo fuera a descubrir. En esta segunda parte, ya más consciente, más conectado, tengo ya mucho más presente el trabajo de poder mover a ese observador. Creo que eso es lo más valioso, aunque está también el aspecto de la vulnerabilidad. Siento que ahora voy a tener una mejor escucha; pero creo, insisto, que el quiebre está en la parte del reconocerme como alguien que sabe que no sabe.

Mentor coach: En la próxima parte vamos a escuchar a todos los observadores del grupo y le voy a pedir al coach y al cliente que no participen, que escuchen solamente, y hacia el final les voy a pedir que hagan sus comentarios. Vamos a explorar las competencias y cómo aparecieron. Vamos a usar el *chat room*. Lo que les voy a pedir es que escriban qué preguntas escucharon y les parecieron las más efectivas. Y mientras anotan esas preguntas que hizo Diana le voy a pedir a alguien que nos diga qué observó. Matilde, ¿te animas a comentar qué observaste? Si tuvieras que hacer una síntesis y le tuvieras que dar feedback a Diana sobre su confianza y su presencia, ¿cómo distinguirías las dos competencias?

Matilde: De su presencia como coach, básicamente destacaría la conexión que tuvo con el cliente en la segunda parte. En cuanto a la utilización de su intuición, me pareció importante el momento en que Diana le hace saber a Oswaldo la hipótesis que ella tenía, para que él pueda validarla. Diana dijo: "Estoy oyendo algo sobre lo no planeado, algo sobre lo que queda fuera de control. ¿Puede ser?". Eso viene de la intuición y lo vi como parte de la presencia.

Mentor coach: Es una manera de demostrar la presencia. Porque está frente a su cliente, pensando o articulando algo que él puede no aceptar. Esto tiene que ver con co-crear la relación. No estamos apegados a nuestras creencias o a lo que pensamos que le está pasando al cliente. El no estar apegados a nuestras propias observaciones sobre lo que está sucediendo está relacionado con la presencia del Coaching.

Matilde: Con relación a confianza, lo vi a él expresando todo lo que sentía de una manera muy auténtica, y eso demuestra confianza en la relación. Y por otra parte, me pareció muy efectiva Diana cuando dijo: "¿Quién es el Oswaldo que no sabe?" y "¿Quién es el Oswaldo que sí sabe?". Esas dos preguntas me parecieron bien potentes.

Mentor coach: Las preguntas sobre el quién.

Matilde: Sobre el quién. La exploración del quién.

Mentor coach: En la segunda parte, definitivamente, Diana tuvo un nivel de maestría. Se la escuchó segura, tranquila, precisa.

Matilde: Confiada. Ahí yo vi los tres niveles de confianza, en ella, en él y en el proceso. Me pareció muy efectiva.

Mentor coach: Diana fue muy efectiva y demostró para todos, en esta segunda parte, en qué consiste la maestría. Obviamente, fue necesaria la primera parte para poder llegar a eso, para llegar a un lugar al que necesitaban llegar. Vamos a pasar a la competencia "escucha activa". ¿A quién le gustaría compartir sus observaciones?

Elena: Creo que apareció, porque ella no solo no repite conceptos, sino que asiente desde una presencia. Fíjate que cuando pensamos en las preguntas poderosas todos rescatamos una, y yo no sé si hubo dos siquiera, porque no hizo falta más. Fue suficiente una o dos para que todo lo demás fluyera. Para mí fue lo que creó, o cocreó, no las palabras ni en el texto. O sea, eso ocurrió: el que habló fue Oswaldo. Para mí, eso fue la mejor forma de escucha activa, que no habló. *(Risas)*. Diana no necesitó hablar demasiado.

Mentor coach: Esa es justamente la presencia de un máster coach, que no necesita hablar, porque formula una o dos preguntas que hacen que el cliente haga su trabajo. Pero de lo que tenemos que darnos cuenta es que si bien hubo algunas cosas que hablamos sobre el acuerdo, de que se puede prestar atención, todo fue resultado, también, del trabajo que Diana hizo al principio. La escucha activa de la coach fue muy efectiva. Diana exploró el uso del lenguaje, el significado que tenían las diferentes expresiones que iba utilizando Oswaldo, y también el uso del silencio. Lo que antes dijo una compañera acerca del silencio es muy importante. El silencio es un comportamiento que integra diferentes competencias: escucha activa, presencia y comunicación directa. Las preguntas funcionaron muy bien. Esto es lo que le permitió a Oswaldo crear conciencia de lo que se venía trabajando. Esas preguntas, que ofrecen la posibilidad de crear conciencia, tienden a ir más allá de cómo el cliente está viendo la situación; y podemos decir claramente que Oswaldo ve ahora más allá de lo que veía antes de empezar la conversación. Diana hizo preguntas sobre el "qué" y sobre el "quién" que iban más allá de la forma en que él estaba pensando la situación, y de cómo se veía a sí mismo, de cómo veía la situación. Las preguntas que hizo la coach al final fueron claras, precisas, y usó el lenguaje del cliente. Destaco además que Diana se cuidó muy bien de no utilizar preguntas directrices o inductoras. ¿Alguien quiere aportar algo sobre la competencia "comunicación directa"?

Mary Carmen: A mí me pareció súper importante la parte de presencia y la flexibilidad que tuvo Diana para respetar lo que Oswaldo quiso trabajar. Creo que la pregunta clave fue: "¿Quién es Oswaldo sin saber?". Tal vez yo hubiera hecho otra pregunta, pero esta a él lo movió.

Mentor coach: ¿Qué pregunta te hubiera gustado hacer?

Mary Carmen: Me hubiese gustado preguntarle dónde aprendió eso. ¿Quién le dijo que si no sabía algo, él no era importante en su trabajo? Lo digo porque Oswaldo dijo: "mis lágrimas están a punto de salir". Yo hubiera intentado pillarlo por ahí. Le hubiera dicho: "¿Dónde aprendiste eso?". Porque creo que debe haberlo aprendido con personas muy significativas. Posiblemente, frente a esa pregunta Oswaldo se hubiera dado cuenta de cosas muy importantes. Sobre todo de que no era de él esta creencia, sino que alguien se la había transmitido. Yo le hubiera preguntado desde cuándo trae esa creencia y en qué otros ámbitos de su vida la ha aplicado; porque seguramente no solo lo está afectando en el trabajo. Seguramente lo está afectando en otros ámbitos de su vida.

Mentor coach: Digamos que Diana necesitaba empezar a cerrar. A veces, ir al pasado y tratar de entender cuál fue el origen de algo que está pasando no es la mejor dirección. Nuestro objetivo es ir más hacia el futuro que hacia el pasado.

Mary Carmen: Definitivamente, no rascaría en el pasado, sino que solo le preguntaría al cliente dónde aprendió algo. Esa sería mi única pregunta al respecto.

Mentor coach: Es que para preguntar dónde lo aprendió, definitivamente tienes que ir al pasado.

Mary Carmen: Hay que tener mucho cuidado para que nuestro trabajo no se convierta en algo parecido a una psicoterapia, obviamente; pero siento que me gustaría preguntarle a mi cliente dónde aprendió algo que lo perjudica.

Mentor coach: Lo que pasa, Mary Carmen, es que estas creencias tienen mucha historia. Se vinculan a cómo vemos el mundo. Definitivamente, nuestra visión del mundo está relacionada con nuestro pasado, con nuestra historia personal. Entonces, si nos vamos adonde apareció el tema, nos remitimos sí o sí al pasado, y, como bien dices, no queremos que nuestro trabajo de Coaching se transforme en terapia. Al mismo tiempo, si preguntamos determinadas cosas, corremos el riesgo de ir a terrenos que tal vez no sean tan efectivos en esta sesión. Hay que encontrar otra manera para indagar, desafiar las creencias usando otras estrategias.

Coach: Por ejemplo, podemos preguntar: "¿Cómo sabes que eso que dices es verdad?".

Mentor coach: O "¿quién dice eso?".

Mary Carmen: O sea, no enfocar la pregunta en el pasado, sino en el presente.

Coach: O en el futuro. Puedes preguntar también para qué te sirve saber o para qué te sirve esta creencia.

Mentor coach: Cuando estamos trabajando, el cliente trae algo y nosotros queremos explorar qué es lo que hay dentro de todo eso, cuáles son las creencias, los miedos. Lo que no queremos es ir al pasado, a ver cómo llegó a donde está hoy. Tampoco queremos ir hacia otros ámbitos en los que pueda estar teniendo los mismos desafíos. ¿Por qué? Porque nos vamos a otra conversación. No solamente al ámbito de lo terapéutico, sino que estamos extendiendo el tema a otras áreas, y quizá no sea lo que va a permitir profundizar y precisar cuál es el desafío. Si nosotros tenemos un desafío en un área, es probable que se repita en otras áreas de la vida. Si nosotros vamos a ir a otras áreas, eso nos entreabre puertas que abriremos del todo en otras conversaciones, en otras sesiones de Coaching. Antes de terminar, les quiero pedir a Oswaldo y a Diana que compartan brevemente sus observaciones sobre el día de hoy.

Cliente: La verdad es que me sentí muy bien en la segunda parte. Me di cuenta de cosas muy interesantes, y siento que quedó abierto el tema del origen de lo que se habló.

Gracias, Diana, nuevamente, y gracias a todos por permitir este espacio, porque también es sistémico. Ustedes forman parte de él seguramente.

Mentor coach: Gracias a ti por estar dispuesto a ser vulnerable, y por meterte de lleno en la sesión.

Mentor coach: Diana, ¿algunos comentarios que quieras agregar?

Coach: Sí, hay algo que mencionaron y que quería aclarar. Es algo de lo que me di cuenta, aunque decidí no entrar por esa puerta. En el caso del miedo, cuando Oswaldo dijo "es que es miedo", yo sentí que esa era una conversación que él ya tenía muy consciente, y por eso quería trabajar el tema. Me dije: "no me voy a meter por ahí, porque eso es algo de lo que ya sabe y estoy segura de que hay algo más atrás". Y, por otro lado, lo que dijo un compañero de que si después el cliente se lleva acciones o no se lleva acciones… yo creo que es muy importante aquí, precisamente cuando hay otra sesión, retomar cuál ha sido el resultado. Si lo ha hecho o si no lo ha hecho. Si no lo ha hecho, explorar acerca de cuál es la causa o para qué no lo ha hecho. Para eso son las siguientes sesiones de seguimiento. Estas son dos cosas que quería mencionar. Me di cuenta de que había mil puertas más. Había puertas que abrir, pero fui a esa que pensé o sentí que era la que menos había explorado el cliente.

Mentor coach: Este no es el caso, pero explorar los miedos no es terapia. Algunos coaches dicen: "No voy a explorar los miedos, porque eso es terapia". Pero explorar los miedos permite al cliente adquirir la valentía necesaria para ver eso que no está haciendo. También, como tú bien dijiste, es una puerta por la que decidiste no entrar en este momento.

Coach: Así es. Pero yo sentí que su conversación acerca del miedo era una conversación que ya había tenido él, sentí que no era un *insight*. Esa fue mi intuición.

Mentor coach: Los miedos son el obstáculo que está en nuestro camino para conseguir las cosas que queremos. Muchas veces, por miedo no hacemos lo que queremos hacer, o lo que tenemos que hacer, o lo que necesitamos hacer para conseguir nuestros objetivos. El poder identificar qué es lo que me está deteniendo, cuál es el miedo que estoy teniendo, me permite confrontarlo y lidiar con eso, y acometer las acciones necesarias. Decirnos: "OK, tengo miedo, pero voy a hacer esto de todos modos", o "Qué va a requerir de mí, con este miedo que tengo, el hecho de poder tomar acciones de todas maneras, a pesar de este miedo". Por eso me gusta la definición de ser valiente. Valiente no es el que no tiene miedo. Valiente es el que tiene miedo y de todas maneras pasa a la acción. Esa es una distinción que uso a menudo con mis clientes. Quería agradecerles a todos por su participación al brindarle feedback a Diana.

Feedback al mentor coach

Mentor coach: ¿Qué feedback me darían como mentor coach? ¿Qué comportamientos observaron ustedes y les parecieron efectivos en mi trabajo como mentor coach?

Liliana: Me encanta la manera en que das feedback desde lo positivo, siempre haces foco en rescatar lo que está bien. Esa aproximación crea un contexto de aprendizaje muy positivo, y veo que no es la primera vez que te conduces de esta manera. Siempre que te veo, lo haces así. Creo también que eres muy riguroso en cuanto al estilo que propone la ICF, y eso está bueno, porque para eso estamos. Todo lo que haces lo comparas y lo mides con las competencias de la ICF, o sea que tu feedback es científico y riguroso.

Mentor coach: Como mentor coaches, buscamos detectar comportamientos. Tenemos que establecer qué es efectivo y qué no es efectivo, qué apareció y qué no apareció en una sesión, y tenemos que tener mucho cuidado con el lenguaje que utilizamos.

Liliana: Sí, sí, debemos ser precisos con nuestros juicios. Saber captar si el coach estuvo bien o mal, si usó tal o cual distinción o si no la usó, si aplicó o no aplicó determinada competencia.

Mentor coach: Cuando damos feedback no debemos decir "estuvo bien" o "estuvo mal". Tampoco decir "me gustó" o "no me gustó". Es más efectivo decir "esto es lo que observé", "estos son los comportamientos que aparecieron", "esto estuvo" o "esto faltó". Se tiene que buscar un balance entre las dos cosas. Estamos buscando destacar qué fue efectivo y qué estuvo faltando, para que la próxima vez no falte. Esto lo vimos en el trabajo de Diana, que utilizó el feedback que le dimos en la mitad de la sesión para trabajar mejor durante la segunda parte, en la que fue muy efectiva. Cuando estamos haciendo Mentor Coaching, tenemos que tener mucho cuidado en enfocarnos en el coach y no en el cliente, porque es muy tentador y muy fácil irnos al cliente para seguir haciéndole Coaching. *(Risas)*. En esto tenemos que ser muy rigurosos. Durante este trabajo que estamos haciendo, en algunos momentos parecía que también estaban dándole feedback a Oswaldo. Por ejemplo, cuando marcaban que no había sido claro. *(Risas)*. Remarco entonces que presten atención a eso. Siempre, en el Mentor Coaching, el feedback debe estar enfocado en el coach, en lo que hace el coach, y no en lo que dice el cliente. Nos interesa mucho lo que trae el cliente, pero el enfoque del mentor coach es siempre en el coach.

Cliente: Sí, mira, algo que yo te agradezco, Damián, es la forma en la que haces consciente al coach del grado que tiene en cada una de las competencias, del nivel en que se encuentra. Eso, al menos yo, como receptor de Mentor Coaching, es lo que más valoro de mi mentor.

Mentor coach: Es útil lo que traes, porque como mentor coaches tenemos que mostrar todas las competencias de

Coaching, ser efectivos en crear confianza, y en tener presencia. Como mentor coach, no me puedo distraer, no puedo irme en un "viajecito". El mentor coach tiene que estar completamente presente durante las dos horas. Con nuestros clientes tampoco podemos distraernos; pero como mentor coaches tenemos más responsabilidad aun, porque estamos modelando comportamientos. ¿Todos pueden ver eso?

Cliente: Sí. De hecho, creo que estás hablando de la presencia. Hace un momento, mientras estábamos en la sesión de Coaching, experimenté que a uno se le olvida que lo están viendo y se concentra en la sesión. Pero sin embargo, se siente, después, que estuviste presente, que estuviste haciendo las preguntas, porque el feedback lo das con mucha asertividad, pero con mucho cuidado también. Y tu cara, cuando estás hablando, es muy expresiva. Con tu cara dices si uno anduvo bien o no anduvo bien; y eres tan expresivo que aunque le digas a uno que anduvo bien, si esto no fue así, en tu cara se va a notar. *(Risas).*

Mentor coach: Porque mi cara no miente.

Cliente: No, no miente. Se nota tu presencia, y se nota también que estás sumamente enfocado en la aplicación de las competencias. Gracias.

Susie: Acuerdo con todo lo dicho. Creo que generas gran confianza, Damián, y eso es lo que hace que podamos sentirnos a gusto, equivocarnos, decir lo que queramos decir. Creo que esa es una competencia muy importante en Mentor Coaching, y tú la generas con tu expresión, con cómo hablas, con tu sentido del humor y tu respeto.

Julián: Aparte de estar haciendo la mentoría, estás moderando nuestras intervenciones, y de pronto facilitas algo; y también nos dejas algo que aprender a cada momento. Creo que son demasiados roles los que ocupas.

Mentor coach: Como mentor coaches tenemos que cubrir múltiples roles. No solamente tenemos que dar feedback. Tenemos que facilitar el desempeño de un grupo, tenemos que asegurarnos de que todos participen. No sé si se dieron cuenta de que yo voy preguntando persona por persona. Incluso, a veces se me ocurre que determinada pregunta va a ser buena para alguien en particular y me dirijo directamente a ese integrante del grupo. Ya tenemos algo de tiempo trabajando juntos y nos vamos conociendo. Todos conocen al grupo, y ustedes también pueden ir devolviendo a la gente de acuerdo con lo que consideran que pueden aportar a un compañero de ruta en particular. El resultado tiene que ser que al final de la sesión todos hayan participado. Esa también es una competencia del mentor coach. Particularmente, tenemos que trabajar con los que puedan estar más callados… Tenemos que ir aprendiendo y distinguiendo cuáles son los comportamientos apropiados y efectivos del mentor coach y cuáles no son tan efectivos. Si hago una autoevaluación de la sesión, una de las cosas que me gustan y estoy haciendo es que aprovecho mi aprendizaje para hacer cada programa más efectivo. Antes yo hubiera dejado que la sesión durara los veinte minutos seguidos. Ahora estoy dispuesto a tomar riesgos, a hacer experimentos. Esto que hicimos hoy, por ejemplo, me pareció que funcionó muy bien: detenernos a la mitad de la sesión y discutir entre todos. El recurso permitió que el coach pensara un poco acerca de lo que estaba sucediendo y se volviera a ubicar en un lugar, en un espacio. Permitió, en definitiva, tener mayor efectividad en la segunda parte de la sesión de Coaching.

Matilde: A mí me pareció buenísimo esto que hiciste hoy. ¿Pero qué pasa si le corta la concentración al coach?

Mentor coach: Sí, es un riesgo. El Mentor Coaching se puede hacer de diferentes maneras. Lo que estamos haciendo acá es experimentar. La vez pasada tuvimos dos sesiones de Mentor Coaching en las que no se interrumpió la sesión de Coaching. Hoy trabajamos con interrupción. Hay ventajas y desventajas en las dos maneras de trabajar.

Matilde: Yo valoré mucho esto que pasó, porque hubo un antes y un después. La Diana de la segunda parte fue una Diana magistral, mientras que la de la primera fue diferente. Yo vi la diferencia. Fue excelente. Me encantó, pero para mí no sé... Házmelo la próxima vez a mí, a ver qué pasa. *(Risas)*.

Mentor coach: Perfecto. Ya tenemos coach para la próxima. Hagamos rápidamente un *checkout*. Medio minuto para cada uno con algo que quieran decir de cierre antes de despedirnos.

Análisis del proceso y reflexiones posteriores

Acuerdo de Mentor Coaching

El mentor coach es efectivo al establecer el acuerdo. Se asegura de que los participantes tengan claridad sobre el devenir de la sesión. Decide inicialmente trabajar sobre el acuerdo de Coaching, detener la sesión y evaluar lo observado hasta ese momento. Además, es preciso en las instrucciones:

> "En vez de tener una sesión de Coaching completa, vamos a hacer el acuerdo de Coaching y vamos a detenernos ahí. Lo vamos a analizar y después vamos a seguir con la sesión".

Cuando detiene la sesión, lo hace con el objetivo de que el coach explore y analice el acuerdo. Conduce el proceso de Mentor Coaching dando primero participación al coach, luego al cliente, y luego a cada participante. Al hacer el corte, a los quince minutos de iniciada la sesión, permite que todo el grupo focalice su atención en esa primera competencia: el acuerdo de Coaching.

Hasta ese momento, no se había logrado un acuerdo claro y preciso dentro de la sesión, por eso el mentor coach le pregunta al coach qué había entendido acerca de lo que quería trabajar el cliente y luego le dice:

"Diana, fuiste efectiva en el acuerdo, y hasta que no lo encontraste, no lo dejaste ir".

Este comentario logró que la coach identificara lo que hacía bien, y le permitió llegar al acuerdo. Es dentro de este proceso, que lleva a profundizar el acuerdo, y a observar qué falta o qué está claro hasta ese momento, que el mentor coach le pregunta a la coach:

"¿Cuál es tu entendimiento acerca de qué es exactamente lo que se quiere llevar Oswaldo y cómo va saber que se lo lleva?".

El mentor coach puntualiza la importancia de tomarse el tiempo necesario para cerrar el acuerdo de Coaching y resalta la claridad en el acuerdo como un aspecto central. Explica, además, que puede resultar un desafío para el coach cerrar el acuerdo, porque a veces los clientes no tienen del todo claro lo que quieren conseguir en una sesión.

Desarrollo de la relación mentor coach - coach

Esta competencia se demuestra desde el principio del proceso de Mentor Coaching. El tono de voz del mentor coach y su gestualidad deben crear siempre un espacio confiable para la entrega de feedback. En este caso, vemos cómo el mentor coach genera *rapport* con la coach y la invita a que manifieste su punto de vista preguntándole en qué piensa que fue efectiva, cuando le dice:

"Diana, cuéntanos cómo fue tu experiencia en estos primeros quince minutos. ¿Qué es lo que crees que hiciste efectivamente en el acuerdo y qué te hubiera gustado haber hecho de otra forma?".

Las preguntas que hace el mentor coach deben demostrarle al coach (y a todos los integrantes del grupo) interés y curiosidad, porque esto facilita que se expresen los distintos puntos de vista.

El mentor coach debe ser respetuoso, celebrar los logros del coach y asistirlo en su proceso creativo con humor y con confianza en su dominio de las competencias de Coaching.

Vemos en este caso que el mentor coach reconoce la presencia de la coach al hablarle de la valentía que demostró al exponerse para ser observada por todo el grupo. Esta parte de la intervención del mentor coach crea un espacio seguro y confiable para la coach y para los otros participantes de la experiencia didáctica. Las risas forman parte de ese entorno, y permiten generar un ambiente relajado y cordial.

Finalmente, es de destacar en esta parte cómo el mentor coach modela para la coach una relación efectiva, al mostrar actitud colaborativa entre pares, sin establecer diferencias jerárquicas marcadas por los roles. Esto se pone de manifiesto especialmente cuando el mentor coach se muestra dispuesto a recibir feedback.

Escucha

Vemos cómo el mentor coach escucha apreciativamente y da feedback alentador y correctivo de manera balanceada. Además, explica la importancia de "escuchar" en todos los niveles: físico, intelectual, emocional e intuitivo. Invita a no generar juicios negativos si no fluyen con facilidad, y señala que todo eso es parte del proceso de Coaching:

> "… Muchas veces el cliente no tiene claridad sobre qué es exactamente lo que quiere conseguir. Debemos saber que si no hay claridad, no es algo malo. No tenemos que elaborar un juicio negativo sobre nosotros como profesionales por no entender lo que nos propone el cliente, sino que tenemos que seguir indagando, explorando, hasta que tengamos esa claridad, y hasta que haya ese acuerdo… Muchas veces, con nuestras creencias y nuestros pensamientos somos nuestro peor enemigo".

Con el objetivo de focalizar la escucha, el mentor coach presenta la metáfora de la "puerta", y puntualiza así la necesidad de una apertura para la exploración de lo que trae el cliente:

> "… La metáfora que yo utilizo, y ustedes pueden utilizar la metáfora que quieran, es la de las puertas. El cliente va presentando puertas al hablar. Por ejemplo, Oswaldo mostró un montón de puertas, y Diana tuvo que elegir qué puerta abrir, por dónde se iba a meter. Tal vez tú, Julián, te hubieras metido por una puerta que Diana dejó pasar porque eligió otra…".

Feedback

El mentor coach ofrece feedback relevante en cada competencia específica, reconociendo las fortalezas del coach, así como sus áreas de oportunidad. En sus intervenciones también distingue entre niveles de credenciales de PCC y MCC, y se refiere a la brecha entre los niveles de habilidad demostrada y el próximo nivel a alcanzar. Esto representa una oportunidad de aprendizaje para todo el grupo.

El mentor coach realiza también una escucha muy precisa que le permite discriminar entre la pericia en cada una de las competencias que avala la ICF y el nivel de habilidad global demostrado por el coach durante la sesión.

Aplicación del Modelo de Competencias Clave de la ICF

Es importante que el mentor coach mencione cada uno de los comportamientos que indican la presencia de cada competencia, ejemplificando puntualmente con los que observó y con los que advirtió que no estuvieron presentes durante la sesión. El objetivo es permitir un aprendizaje ordenado y efectivo del coach y un equilibrio entre las fortalezas y las áreas a desarrollar.

En el caso analizado, el mentor coach demuestra buen nivel de conocimiento de cada una de las competencias y las presenta efectivamente durante el desglose de la sesión, pero no aprovecha las oportunidades que tiene para diferenciar hasta qué punto cada competencia respondía a las expectativas de los niveles de Coaching PCC y MCC.

Gestión del aprendizaje

El mentor coach presenta una forma innovadora de intervención al interrumpir la sesión en la mitad, en vez de esperar a que termine para discutir sobre ella. Respeta y confía en los tiempos de aprendizaje de cada uno de los integrantes. Capitaliza, además, la ocasión para diferenciar entre Coaching y terapia, y para motivar al coach a fin de que profundice sobre aspectos que pueden ser el motor de descubrimientos profundos sin necesidad de recurrir al pasado de su cliente:

> "… Estas creencias tienen mucha historia. Se vinculan a cómo vemos el mundo. Definitivamente, nuestra visión del mundo está relacionada con nuestro pasado, con nuestra historia personal. Entonces, si nos vamos adonde apareció el tema, nos remitimos sí o sí al pasado, y, como bien dices, no queremos que nuestro trabajo de Coaching se transforme en terapia. Al mismo tiempo, si preguntamos determinadas cosas, corremos el riesgo de ir a terrenos que tal vez no sean tan efectivos en esta sesión. Otra manera es desafiar las creencias. Ese es un objetivo que sí tenemos, pero debemos usar otras estrategias…".

En el caso que estamos viendo, el área de mejora para el mentor coach está en la oportunidad de trabajar en un diseño de acciones más completo para el coach; o, para decirlo de otro modo, en elaborar un plan de implementación de lo aprendido durante el análisis de la sesión.

El mentor coach podría haberle preguntado a la coach qué aprendió del proceso y cómo lo va a aplicar.

Facilitación de grupos de Mentor Coaching

El mentor coach demostró su maestría al facilitar la participación de todo el grupo, involucrando activamente a cada coach en el proceso de observación y análisis. Proveyó ejemplos específicos sobre el uso de las competencias avaladas por la ICF, respetó las diferencias de estilo, de cultura y de lenguaje (dado que se estaba trabajando con un grupo multicultural), y creó un espacio de confianza y respeto que favoreció que los participantes se mostraran vulnerables y se comprometieran con el proceso de aprendizaje. Esto se vio verificado en la disposición mostrada por el coach y su cliente al recibir feedback de los otros colegas.

Autorreflexión

El trabajo de Mentor Coaching requiere que se modele la aplicación de las competencias de Coaching y que se tenga apertura para recibir feedback de los colegas. En esta sesión observamos que el mentor coach demuestra interés en recibir feedback.

CAPÍTULO 5

CASO 2

Coach: Mary
Cliente: Oswaldo
Mentor coach: Diana
Facilitadores: Damián y Norma

Creación del contexto de la sesión de Mentor Coaching

Mentor coach: Aquí estamos. Oswaldo, ¿estás listo para la sesión de Coaching? Mary, ¿estás lista?
   La coach y el cliente asienten.

Sesión de Coaching

Coach: Buenas noches, Oswaldo, ¿cómo estás?
   Cliente: Hola, Mary. Primero quiero decir que estoy muy agradecido de ser tu cliente en esta sesión y que lo considero un privilegio.
   Coach: Más agradecida estoy yo de que te pongas en mis manos, Oswaldo. ¿Necesitarías una pequeña relajación o algo antes de iniciar, o te sientes cómodo? ¿Cómo estás?
   Cliente: Estoy cómodo para trabajar y no quisiera relajar la emoción que traigo en la boca del estómago, porque es de lo que quiero hablar…
   Coach: Muy bien, Oswaldo. Si hay algo que te incomode, que te moleste tanto de mis preguntas como de lo que

voy haciendo, te agradecería mucho que me lo dijeras, quisiera que fuéramos creando la relación juntos, ¿te parece?

Cliente: Encantado. Por supuesto.

Coach: Muy bien. ¿Qué te gustaría trabajar el día de hoy, Oswaldo?

Cliente: Mira, la semana pasada tuve que despedir a uno de los chicos que trabajan conmigo. Muy brevemente te cuento la historia. Su papá me pidió que lo ayudara, porque no tenía trabajo; pero vi que era un caso insalvable. Todas las semanas era hablar con él, ponerlo en conciencia. Se comprometía y terminaba no comprometiéndose. La semana pasada hubo un día que para mí fue importante: el martes. Fui muy claro con el chico en lo que necesitaba y lo que no debía suceder, porque estábamos comprometidos a entregar algo, y resultaba imprescindible que él fuera puntual. Bueno, el tema es que tuve que desprenderme del muchacho. La historia es que, como ya te dije, me lo había recomendado su papá, y yo accedí con ánimo de ayudar; pero el chico no cumplía con las necesidades de la operación. Por eso tuve que despedirlo, y traigo algo que no he podido procesar, y es lo que quiero trabajar hoy.

Coach: Escucho que hablas de que tuviste que despedir a esta persona recomendada por su papá y que traes algo, y veo que señalas tu abdomen. ¿Es esto así?

Cliente: Sí, es correcto. Traigo algo en la boca del estómago… Esa emoción… Te voy a ser franco… Traigo ese enojo, esa molestia.

Coach: ¿Enojo?

Cliente: Sí, así es. Así lo describo yo, y lo he traído durante varios días. Hace ocho días sé que es eso, y no me gusta.

Coach: Si pudieras hablar con ese enojo, ¿qué te respondería?… ¿Hacia quién es?

Cliente: Ese enojo es para conmigo mismo. Yo tengo una creencia arraigada, de que, como responsable de un área, saco siempre el máximo de provecho de las personas, y en esta ocasión no lo pude hacer. ¡El enojo no es con él! El enojo es conmigo mismo, porque no pude encontrar la fórmula para que este muchacho pudiera hacer ese *click* con la operación, con la organización y la plantilla. La verdad es que creo que podíamos lograr un buen engranaje. Él de repente entraba al engranaje y de repente salía, y así estaba todo el tiempo… Y causaba molestias...

Coach: Oswaldo, escucho también esta parte: "no pude hacer algo para meter a este chico en el engranaje". ¿Esto depende de ti?

Cliente: Mira, como te comentaba, mi creencia es que como director o como responsable de un área debo tener la habilidad de, con mi liderazgo, comprometer a los demás. Me caracterizaba, en las empresas donde he estado, por comprometer a las personas a mi cargo. Incluso me decían a veces: "Ahí te envío a este que no está logrando nada, a ver qué puedes hacer con él", y yo lo rescataba y lo reintegraba a la organización. Y eso me daba mucha satisfacción. Y hoy, que no lo pude hacer en mi propia organización, siento una frustración terrible. Es una molestia conmigo, y me pregunto en qué fallé, dónde fallé, por qué no encontré la fórmula… Lo que ha hecho él, eso es de él; pero lo que yo hice o dejé de hacer, eso es mío y es lo que tengo aquí atorado.

Coach: ¿Y qué sentimiento te genera lo que tú no hiciste?

Cliente: Este sentimiento que me genera es… Creo que me genera… Frustración… Me produce enojo. Enojo provocado por la frustración de no haber podido lograr algo. Yo planeo a largo plazo. No sé si es buena o mala costumbre, pero me gusta planear a largo plazo, incluso con planes de desarrollo para las personas que trabajan conmigo, y ver ese plan trunco no me agrada. No me gusta que mis planes no se cumplan.

Coach: ¿Qué te pasa cuando no se cumplen tus planes?
Cliente: *(Risa).*

Coach: Sonríes de una forma un tanto maquiavélica, ¿es eso así?

Cliente: No es maquiavélica, sino que me diste en el hígado.

Coach: ¡Ah, wow! ¿Y cómo es darle a Oswaldo en el hígado? Cuéntame.

Cliente: Te voy a decir que si hay algo que tengo como persona de negocios es que yo planeo mucho. Planeo bien las cosas. Incluso con datos y variables. Y cuando algo no me sale, vuelvo a regresar a esa parte. "¡Debí haber hecho esto!", me digo en esas ocasiones.

Coach: ¿Cómo se escucha eso de "yo debí"?

Cliente: Por eso me reí. Porque regresé al deber y... mira, no es agradable. Cuando decidí hacer esa transición entre el deber y el ser, creo que fue una transición bastante dura pero agradable. Hoy me acabo de dar cuenta de algo, y por eso dije: "¡Ay, mi hígado!".

Coach: *(Risas)*. Pobre hígado.

Cliente: Sí, porque me doy cuenta de que estoy regresando al deber.

Coach: Oswaldo, tenemos 20 minutos para completar esta sesión, y por un lado escucho enojo contra ti mismo, por otro lado mencionaste la frustración, y por otro lado estás mencionando el deber. ¿Qué parte de todo esto te gustaría trabajar en esta sesión?

Cliente: Me gustaría trabajar con el deber, porque si bien es algo que yo, y lo voy a decir entre comillas, "había dejado atrás" para trabajar más en el ser, creo que hoy regreso al deber, estoy perdiendo cosas interesantes de mí que construí, y que la verdad es que me costaron esfuerzo; porque dejar de ser un contador cuadrado para convertirme en un hombre abierto a las posibilidades... pues, no es fácil, y escucharme que regresé otra vez al deber... ¡Muy bien! ¡Resulta para mí un golpe fuerte en el hígado!

Coach: En tu hígado. Pobre hígado. Oswaldo, ¿qué cambiaría si tú trabajaras en esta sesión esta parte del deber? ¿Qué cambiaría?

Cliente: Fíjate que de entrada me bajaría bastantes grados de estrés, porque si bien me siento presionado, aunque no lo transmito a los chicos, ellos lo sienten. Hay esa transferencia que se respira en el ambiente, y luego hacemos alguna broma. Este ambiente se corta hasta con un cuchillo, y se relaja el ambiente. Yo creo que si me vuelvo a posicionar en el deber me estoy cerrando a las posibilidades que hemos venido creando en los últimos meses, y creo que son posibilidades interesantes. Si bien los resultados por un lado se han dado muy bien, en otra línea de nuestro negocio no están tan bien que digamos, y eso es lo que hoy en día me causa este regresar al deber, y eso es lo que me perdería.

Coach: Oswaldo, ¿qué tendría que ocurrir en esta sesión para que tú digas que valió la pena?

Cliente: Ya ocurrió.

Coach: *(Sonríe).*

Cliente: Lo primero es que me he dado cuenta de que regresé al deber. Sin ni siquiera haber cerrado nuestro acuerdo, ya me había dado cuenta de que estaba regresando al deber. Ya eso fue un regalo. También deseo abrirme a las posibilidades que, por estar en ese hacer, no puedo disfrutar.

Coach: Si pudiéramos establecer una medida de éxito más tangible en ese darse cuenta, o definir algo más que te gustaría trabajar en esta sesión con respecto a este tema, ¿qué sería?

Cliente: Algo tangible sería ese dolor en la boca del estómago.

Coach: ¿Cómo tendría que ser ese dolor en la boca del estómago?

Cliente: Ya no tendría que estar.

Coach: ¿Quieres que empecemos a revisar ese dolor y vemos qué va sucediendo?

Cliente: Vamos.

Coach: OK *(risas)*, vamos. Te invito a ese recorrido.

Cliente: OK, gracias.

Coach: Muy bien, Oswaldo. ¿Cómo es para ti el deber ser?

Cliente: Fíjate que el deber es programado, es estricto, es planeado. Ah, ¡aquí hay una palabra que yo hace un tiempo había transformado y me vuelve a aparecer! Y lleno de expectativas. A lo mejor aquí esta palabra la tengo que poner porque el deber va acompañado de eso. Siempre que doy charlas digo que la expectativa desaparece cuando la certeza llega. Yo prefiero abrirme a las posibilidades, porque es lo que a mí me da certeza. El hecho de tener posibilidades es lo que a mí me da certeza.

Coach: ¿Y cómo escuchas esto de que "abrirte a las posibilidades te da certeza", y estar viviendo lo contrario? ¿Cómo es esto para ti?

Cliente: En este momento que lo observé y que me escucho a mí mismo, esto me da sorpresa, porque es ir en contra de lo que yo mismo estoy construyendo. No es congruente con lo que yo hago.

Coach: ¿En qué te conviertes?

Cliente: Eso me está convirtiendo en una persona cuadrada, programada, sin estar abierto a las posibilidades, y eso sí es detonante en mí. Qué bueno que no tuve que esperar mucho tiempo para darme cuenta de esto. Lo sentía y sabía que algo no estaba sonando bien en mi caja.

Coach: Oswaldo, ¿cómo es para ti ser cuadrado?

Cliente: Para mí, ser cuadrado es decir o pensar, por ejemplo, "está el paso uno, el paso dos, el paso tres"… Como solemos hacer los contadores: hay un cargo, hay un abono, el cargo es de cien y el abono es de cien, y no hay otra posibilidad.

Coach: ¿Y en quién te tendrías que convertir para dejar de ser cuadrado?

Cliente: Mira, yo construí una personalidad, y me costó

mucho trabajo. Convertirme en coach no fue fácil para mí, porque no se nos hace fácil a los que estamos en el área financiera, ni siquiera cuando hablamos de cifras importantes; y una vez que construyo esta nueva forma de ser me doy cuenta de que mi vida cambió completamente. He tenido una vida maravillosa con mi esposa; con mis hijos tengo una relación excelente, y eso no ocurría antes, porque yo era cuadrado, no escuchaba. Vuelvo a repetir: no estaba abierto a las posibilidades. Y creo que acabo de mencionar algo que sí me llega: antes no me escuchaba a mí mismo. Eso me estaba pasando hasta antes de esta conversación, y ahora que me doy el tiempo para escucharme, y te agradezco este tiempo para poderme escuchar, creo que ahí es donde está la clave, en volver a escucharme para poder retomar ese camino que venía recorriendo tan feliz, construyendo, desarrollando a otras personas conmigo, formando un grupo bastante interesante.

Coach: El lograr escucharte a ti mismo, ¿qué beneficios te traería?

Cliente: Bueno, de entrada, el poder escucharme o darme tiempo para mí mismo me permite, en lo personal, poder observar qué tan asertivo soy. Cuando me vuelvo cuadrado pierdo esa asertividad. Cambio la exactitud por la asertividad, y a veces la exactitud tiene otras variables para poder trabajarla. Yo quiero quedarme con la asertividad que me da escucharme a mí mismo.

Coach: Oswaldo, te hago una pregunta: ¿quién es Oswaldo sin el "debería"?

Cliente: El Oswaldo sin el "debería" te lo voy a poner en una sola palabra: es un ser en libertad, que no carga con nada, que se siente bien, libre, que piensa con más claridad.

Coach: Muy bien, Oswaldo, si me pudieras mencionar una acción concreta para empezar a ser ese Oswaldo libre, ¿cuál sería?

Cliente: Bueno, lo primero que tendría que empezar a hacer es, en lugar de programar todas las mañanas, escucharme a mí mismo. Todas las mañanas y todas las tardes, antes de iniciar y al terminar, tendría que escucharme para saber qué quiero de mí y cómo lo voy a lograr. Es como si fuera mi propia sesión de Coaching para el día. Así lo venía haciendo y algo me pasó y lo rompí, dejé de hacerlo. Bueno, no lo hacía todos los días, pero tenía una metodología que me ayudaba, y algo pasó y lo rompí; pero en principio eso sería: después de mis oraciones matutinas, mantener esa conversación conmigo.

Coach: Si en este momento rompieras ese esquema de cuadratura, ¿qué me dirías en esta relación? En esta situación que estamos teniendo, ¿qué harías?

Cliente: Lo primero sería que ese dolor de estómago que tenía ya desapareció. Se fue calmando gradualmente. Creo que lo que notaría sería mi claridad para poder observar mi entorno, porque, cuando estoy en la cuadratura, estoy en el marco, y cuando estoy en el marco no puedo ver más allá del marco.

Coach: ¿Recuerdas cómo íbamos a medir si esta sesión tenía éxito?

Cliente: Sí, claro. Y conseguí que desapareciera mi dolor de estómago.

Coach: ¿Y cómo estás?

Cliente: Tranquilo. Estoy pensando en qué momento di ese paso en falso y trastabillé. Ese paso que me regresó al deber. Y también estoy pensando en esto que acabo de hacer.

Coach: ¿Está bien para ti que lo dejemos aquí?

Cliente: Sí, fue algo maravilloso. Podríamos seguir, pero creo que trabajar hasta aquí está bien, por el tiempo que tenemos.

Coach: Nada más quiero preguntarte qué te llevas diferente de esta sesión que tuvimos el día de hoy.

Cliente: Me llevo tres cosas. Una es el darme cuenta de que di un paso atrás. La segunda, que regresé a una caja que yo de alguna manera había transformado en un área de posibilidades. Y la tercera, el poder identificar lo que me impide escucharme a mí mismo y darme cuenta de que escucharme y tener esas conversaciones conmigo acerca de lo que voy haciendo me da mucha claridad. Me voy muy enriquecido. Ha sido un aprendizaje muy importante aunque el tiempo haya sido tan corto.

Coach: Si pudieras poner el título de una metáfora o un cuento a esta sesión, ¿cómo la llamarías?

Cliente: "Voy a ser libre".

Coach: ¡Oh! Suena bien. ¿Te gusta?

Cliente: Sí, me gusta. Claro que me gusta. Por supuesto que sí.

Coach: Oswaldo, ¿hay algo que te habría gustado que te preguntara y no lo hice?

Cliente: No, todo bien.

Coach: Te agradezco mucho tu tiempo.

Cliente: Gracias a ti.

Sesión de Mentor Coaching

Mentor coach: Mary, Oswaldo, gracias por esta sesión. Gracias por haberse expuesto frente a todos para brindar esta sesión.

Cliente: Sí, para que todos sepan que soy un corre-empleados.

Mentor y participantes: *(Risas)*.

Cliente: ¡No…! Es una broma.

Mentor coach: Oswaldo, ¿hay algo más de la sesión que quieras comentar?

Cliente: No, estoy bien. Llegué intranquilo, con esa molestia; pero ahora me encuentro bien.

(Risas).

Mentor coach: Gracias, Oswaldo. Si mientras estamos hablando se te ocurre algo, por favor, siéntete con la confianza de intervenir. Mary, ¿me permites darte feedback?

Coach: Por supuesto.

Mentor coach: Gracias. Lo primero que te quiero decir es: gracias por una sesión muy cálida, en la cual creaste un ambiente de confianza desde el principio. Incluso creaste un ambiente que permitía el humor, y eso relajó mucho. Definitivamente, creaste un ambiente de confianza, de relajación.

Tu presencia fue constante. Estuviste ahí para tu cliente todo el tiempo. Incluso cuando prendí la cámara vi cómo seguiste concentrada en Oswaldo, y se notó todo el tiempo tu presencia. Estas competencias de estar presente y de crear confianza, definitivamente y de acuerdo con mi criterio, estuvieron a un nivel de MCC. Destaco también el ritmo que llevabas y cómo respetaste el ritmo de tu cliente para ir creando el acuerdo. Fue una danza desde el principio. De repente, me dije: "¿Cuándo va a llegar al acuerdo?". Pero la forma en que llevaste al cliente, después de un rato, al acuerdo, fue efectiva. Lo dejaste que sacara sus emociones, su frustración. Lo único que yo hubiera hecho diferente es no decirle a él, como le dijiste: "siento enojo" o "siento que esto se está reflejando en enojo". A lo mejor hubiera sido más efectivo dejarlo a él que expresara la emoción, en vez de ponerla en su boca.

Estuviste en escucha constantemente. Estuviste muy presente. Te asociaste con el cliente varias veces, al repetir las diversas posibilidades que estaban ahí, frente a ustedes y que tú detectaste. Le diste la oportunidad de elegir qué quería trabajar. Él trajo un tema, pero tú te diste cuenta de que había varios más, y le diste la posibilidad de elegir. Esta es otra de las cosas probablemente más efectivas que aplicaste. Le dijiste que había traído esto, esto y esto a la mesa, y le diste la oportunidad de decidir cuál de esos temas quería trabajar. Definitivamente, tu escucha estuvo fina en ese punto: indagaste y exploraste las emociones del cliente, te diste cuenta de su tono de voz y se lo mencionaste.

Exploraste su comportamiento, cómo él percibe su mundo, y aquí creo que está la única área de oportunidad donde podrías ser más efectiva. Te hablo de darle más tiempo al cliente para pensar. Durante la sesión, cuando él terminaba de hablar tú ya estabas lista con la siguiente pregunta, y probablemente sería más efectivo dejar pensar al cliente, dejarlo reflexionar y que esto permita ir más a fondo. Se logró el objetivo de la sesión, el cliente se pudo ver como otro observador; pero en lo que estoy marcándote puedes ser todavía más efectiva.

Tus preguntas fueron muy poderosas. Fueron preguntas del "qué" y del "quién" hechas en el momento adecuado. Estuviste muy pendiente de ver su manera de pensar, sus creencias, sus necesidades, y además llevaste a tu cliente a pensar por fuera de lo que piensa habitualmente. Retaste sus creencias. Tanto es así que él se dio cuenta de ciertas creencias a las que había regresado y creía que tenía superadas. Resultaron muy efectivas tus preguntas, fueron muy al grano. Eran preguntas cortas y de exploración. En ningún momento hiciste preguntas que condujeran o que llevaran a una conclusión en una dirección predeterminada. Compartiste tus observaciones y tus intuiciones. Llevaste a tu cliente a aprender con vistas al futuro. Apunté varias de las preguntas que hiciste, porque me parecieron muy pertinentes. Por ejemplo, preguntaste: "¿Qué cambiaría en tu vida si trabajas el 'debería'?". Las respuestas del cliente fueron fuertes, porque se dio cuenta de lo que estaba sucediendo.

Promoviste el aprendizaje. Llevaste a tu cliente al terreno de las acciones hacia el final de la sesión. Me di cuenta de que sabías que ya se te iba el tiempo pero igual trataste de llevarlo a la acción evitando que se fuera por las ramas. Creaste una relación de empatía donde el cliente sintió que te estabas dando cuenta de cuáles son sus necesidades, y de cuáles son esas creencias que tiene que romper. No interrumpiste. En la creación de conciencia fuiste muy directamente al "quién". Hiciste varias preguntas del "quién" que resultaron muy eficientes, y llevaste de esa manera a tu cliente a ver cómo estos nuevos aprendizajes pueden ser usados fuera de la sesión de Coaching. Se notó que se relajaron los dos y se propusieron fluir, y eso hizo muy valiosa la sesión. En general, creo que fue una sesión de PCC plus. Te felicito y te agradezco. ¿Hay algo más que quieras comentar? ¿Alguna duda que te haya quedado?

Coach: Pienso que la sesión de Coaching no tiene que ser rígida.

Mentor coach: Claro que no; pero al estar frente a tanta gente, con la presión que esto implica, a veces se vuelven rígidas las sesiones. En este caso no fue así.

Coach: Muchas gracias.

Feedback al Mentor Coaching

Facilitador: Muy efectivo trabajo, Diana. No sé si los demás se dan cuenta, pero si escuchamos la sesión de hoy y volvemos a escuchar las primeras sesiones del programa, notaremos todos que la diferencia es muy grande.

Mentor coach: Sí.

Coach: Coincido contigo, Damián. Incluso yo comparé mi sesión antes de estar aquí y la que tuve hace una semana, y sí que hay un cambio importante. Se nota un crecimiento espectacular de todos.

Facilitador: Vamos a darle feedback a Diana. ¿Cómo te viste dando feedback? ¿Qué te pareció efectivo y qué te hubiera gustado hacer más efectivamente?

Mentor coach: Me sentí efectiva. Estuve muy pendiente en toda la sesión. La verdad es que además, como estoy haciendo mentoring a la gente que está empezando a hacer Coaching, cuando escucho esas sesiones, veo la diferencia... Siento las diferencias, y a lo mejor las habría notado más si no me hubiera cautivado tanto esta sesión. En comparación con las otras que menciono se ven diferencias enormes. Escuchando aquellas, a veces me digo: "Pero ¿no se dan cuenta de que tienen que hacer el acuerdo?". *(Risas)*. A lo mejor le habría buscado algo más a la sesión, si no estuviera tan contaminada con las otras.

Facilitador: La coach fue efectiva, y tú, Diana, también hiciste un buen trabajo como mentor coach. Tu estilo, tus intervenciones, fueron muy apropiadas. Solo quiero hacerle un comentario que ya le hice a Mary sobre dar feedback con forma de diálogo en vez de hacerlo con forma de monólogo. Tenemos que dar el feedback con forma de conversación. Escuchar las reacciones a nuestro feedback y explorar qué quiere seguir haciendo o hacer diferente el coach con sus clientes en el futuro. Vamos a escuchar la opinión de los demás.

Susie: A mí me pareció muy efectivo este mentoring. Diana fue competencia por competencia y con gran detalle, y creo que esto permitió tener mucha claridad acerca de dónde se podría trabajar más, dónde estaban las áreas de oportunidad, con un tono de voz amigable. Pienso que la búsqueda del área de oportunidad donde el coach podría ser más eficiente empieza por preguntarle cómo sintió que fue su sesión, en qué cree que fue efectivo y qué podría cambiar; pero el mentoring fue directo al feedback y no dejó que el coach tuviera un momento para expresar su autoevaluación. Creo que es un buen momento para que el coach tenga conciencia de cómo lo hizo. Cuando nos escuchamos a nosotros mismos es cuando aprendemos. Otra área de oportunidad sería la siguiente: Diana fue competencia por competencia de una manera muy efectiva, pero podría dar más ejemplos, decir en qué pregunta o en qué parte del trabajo de Coaching hubo mayor fuerza. Fuera de este detalle, el trabajo fue excelente.

Mentor coach: Tomo lo que me dicen de crear diálogo. Normalmente empiezo mis sesiones de mentoring con lo que dice Susie, preguntándoles a los coaches cuáles creen que fueron sus fortalezas y cuáles sienten que fueron sus preguntas poderosas; pero esta vez, bueno…

Concepción: Yo quiero felicitar a Mary por todos los "¿quién?", "¿cómo?", "¿qué?", y por todo lo demás que puso en la sesión, que fue excelente.

Cliente: Bueno, ya no me dejan nada que decir. Coincido con lo que acaban de comentar mis compañeros. Es muy efectiva Diana dando el mentoring. Hay, tal vez, pequeños detalles que puede llegar a afinar, como ejemplificar sobre la competencia de la que está hablando, un "escuché esto", u "observé esto". Creo que hay solamente pequeños detalles a considerar como áreas de mejora. Fuera de eso, hizo un excelente trabajo.

Facilitador: Felicidades, Diana. Todos hicieron un trabajo excelente. Todos tuvieron que hacer algo acá. *(Risas)*. Mejor, así se mantienen bien activos. ¿Alguna pregunta sobre Mentor Coaching que haya surgido? ¿Qué dudas van apareciendo?

Mentor coach: A algunos coaches les cuesta mucho trabajo hacer el acuerdo, y se apresuran demasiado porque tienen en cuenta que el tiempo destinado para esto no es tan largo. Me pasó a mí, tanto en la sesión con Oswaldo como ahora, que lo noté con Mary. Se siente la prisa para hacer el acuerdo. Si no se llega al acuerdo con los 8, 10 o 15 minutos, la gente se presiona mucho. ¿Qué nos puedes aconsejar con respecto a esto?

Facilitador: Eso depende del cliente. Depende de qué tan efectivo es al articular lo que quiere conseguir. Si se va a iniciar una conversación y el cliente no tiene idea de qué quiere trabajar, hay que empezar a explorar, y el coach tiene que trabajar para conseguir identificar lo que quiere lograr el cliente. Pero también depende del cliente, de su capacidad para presentar la inquietud y venir con algo preparado, listo para empezar. Hay que alentar que los clientes lleguen preparados a la sesión. Cuando el cliente está preparado no es tan difícil para el coach explorar rápido y bien. Cuando el cliente no está preparado, el coach tiene que dedicarle 20 minutos a definir qué quiere trabajar en la sesión. Si no hay alguna otra pregunta, terminamos aquí.

Análisis del proceso y reflexiones posteriores

Acuerdo de Mentor Coaching

La mentor coach comienza la sesión diciendo:

> "Oswaldo, ¿estás listo para la sesión de Coaching? Mary, ¿estás lista?".

Al hacer esta pregunta, se asegura de que los participantes estén física y emocionalmente preparados para iniciar el trabajo. Sin embargo, en esta instancia inicial pierde oportunidades de exhibir el dominio total de esta competencia de Mentor Coaching, al no definir el proceso con más detalle y reforzar la creación de un contexto en el que quede claro qué espera el coach del mentor coach en el análisis que se va a hacer con posterioridad. Para mejorar en este sentido, podría haber clarificado que el foco del proceso iba a estar puesto en el coach, en sus posibilidades de demostrar competencias de Coaching, y no en el cliente. Perdió también la oportunidad de especificar cómo iba a dar feedback, cuánto tiempo se iba a destinar a la sesión, y de preguntarle al coach si necesitaba que le avisara cinco minutos antes de que se agotara el tiempo disponible. Tampoco preguntó si el coach requería feedback sobre alguna competencia en particular, y si deseaba que su sesión fuera evaluada teniendo en cuenta los requerimientos para acreditarse como PCC o MCC.

Desarrollo de la relación mentor coach - coach

La mentor coach fue efectiva en este punto, al dar su reconocimiento tanto al coach como al integrante del grupo que actuó como cliente, por haberse expuesto frente al grupo. Valoró especialmente al cliente por su apertura, y así creó un espacio cálido, que reforzó usando un tono respetuoso al chequear si había algo que quisieran comentar sobre la sesión.

Al mismo tiempo, la mentor coach se preocupó por establecer una relación de igualdad entre colegas, estuvo "presente", fluyó junto al coach y demostró seguridad en sí misma, en la coach y en el proceso.

Como posibilidad de mejora, podría decirse que habría sido más efectiva si hubiera brindado un feedback más dialogado, favoreciendo la expresión del coach durante todo el proceso.

Escucha

La mentor coach fue efectiva cuando hizo planteamientos precisos. Esto le permitió a la coach identificar las conductas específicas que demostró en esta competencia. Señaló todos los indicadores con ejemplos, resumió e indicó áreas de oportunidad en diferentes competencias.

En la siguiente oración puede apreciarse la efectividad de la mentor coach en la competencia de "escucha activa":

> "Definitivamente, tu escucha estuvo fina en ese punto: indagaste y exploraste las emociones del cliente, te diste cuenta de su tono de voz y se lo mencionaste".

Como punto a mejorar, se puede mencionar que la mentor coach dio su feedback sin detenerse en ningún momento para asegurarse de que el coach estuviese entendiendo. Se debe atender a esto, porque hubiera sido un buen momento para invitar al coach a participar en la conversación y para hacerle preguntas del estilo de "¿Te diste cuenta de esto?", "¿Qué notaste?", "¿Estás de acuerdo con esto que te muestro?".

Feedback

La mentor coach explicó en forma efectiva áreas de fortalezas y de oportunidades de mejora. Lo hizo a través de un feedback específico, fundamentado en conductas observadas durante la sesión y no en el "ser" profesional del coach.

Para mejorar su trabajo, al comenzar podría haberle preguntado a la coach en qué se sintió efectiva y qué le hubiera gustado hacer de otra manera, y después de escuchar la respuesta, podría haberle planteado si había alguna competencia en la que le habría gustado que se hubiese hecho mayor énfasis. También podría haberla invitado expresamente a que participara para lograr que el feedback se brindara con forma de conversación, como un diálogo y no como un monólogo; podría haberle preguntado a la coach si había algún punto sobre el que le parecía importante escuchar ejemplos o mayor explicación; porque con esto se hubiese abierto un gran abanico de posibilidades para la reflexión del coach y hubiera aumentado la probabilidad de que se diese una conversación bidireccional, que aumentara el nivel de libertad para preguntar y profundizar.

La mentor coach resultó efectiva al reconocer la eficacia de la coach cuando trabajó para respetar los tiempos del cliente. Asimismo, fue respetuosa cuando le habló sobre las áreas de oportunidad de desarrollo y le indicó que podría haber sido más eficiente dejando que el cliente expresara la emoción que estaba sintiendo.

Con relación a la competencia de "preguntas poderosas", la mentor coach fue efectiva al dar feedback alentador cuando hizo un resumen:

"… Tus preguntas fueron muy poderosas. Fueron preguntas del 'qué' y del 'quién' hechas en el momento adecuado. Estuviste muy pendiente de ver su manera de pensar, sus creencias, sus necesidades, y además llevaste a tu cliente a pensar por fuera de lo que piensa habitualmente. Retaste sus creencias. Tanto es así que él se dio cuenta de ciertas creencias a las que había regresado y creía que tenía superadas…".

Como área de oportunidad de aprendizaje para la mentor coach, en el caso analizado encontramos el estar atenta para detenerse y permitirle expresarse al coach, para que pueda así referir cómo se siente al recibir feedback. Esta operatoria le hubiera permitido a la mentor coach preguntar si había algún tema sobre el que le hubiera gustado profundizar a la coach, o si necesitaba alguna aclaración. Otro recurso que hubiera aportado y no estuvo es el de preguntarle a la coach cuáles fueron las preguntas que consideraba que tuvieron mayor impacto sobre el cliente.

Aplicación del Modelo de Competencias Clave de la ICF

La mentor coach fue efectiva en demostrar buen nivel de conocimiento de las conductas asociadas a las competencias de Coaching, y esto se evidenció especialmente cuando indicó la presencia y la ausencia de marcadores asociados. Por ejemplo, le indicó al coach que era importante darle espacio para reflexionar al cliente, y vinculó esta observación a las competencias "presencia del coach" y "comunicación directa".

Al mismo tiempo, la mentor coach habló de sí misma mostrándose vulnerable y expuso cómo se sintió cuando veía que no se lograba el acuerdo de Coaching. En esto fue especialmente sincera frente a todo el grupo cuando expresó su inquietud diciendo que en su fuero interno se preguntaba: "¿Cuándo va a llegar al acuerdo?".

Un área de oportunidad de mejora estuvo vinculada a la competencia "crear confianza e intimidad". En este aspecto, la mentor coach podría haberle indicado a la coach conductas a observar. También podemos decir que hubiera resultado más efectiva identificando en qué nivel de acreditación (ACC, PCC o MCC) había demostrado estar la coach durante la sesión, y qué hubiera tenido que hacer para inscribir su tarea en el nivel superior.

Autorreflexión

El facilitador invitó a la mentor coach a que se autoevalúe, promoviendo así que ingrese en un proceso de autorreflexión, y favoreciendo su aprendizaje. Esto permite que la mentor coach reconozca quién "está siendo" durante la sesión y que lo tenga en cuenta como herramienta de afinación para su desempeño profesional.

CAPÍTULO 6

CASO 3

Coach: Eneida
Cliente: Alicia
Mentor coach: Isabel
Facilitadores: Damián y Norma

Creación del contexto de la sesión de Mentor Coaching

El facilitador del proceso explica que en esta oportunidad el mentor coach dará feedback al coach sin incluir los comentarios del resto del grupo. Procederá así con el objetivo de practicar para dar feedback en un contexto de Mentor Coaching individual.

El mentor coach crea el contexto para la sesión de Coaching, con la finalidad de asegurar que tanto el coach como el "cliente" tengan intimidad.

Mentor coach: Eneida será en este caso la coach y Alicia la clienta. A todos los demás participantes les pido por favor que apaguen sus cámaras y silencien los micrófonos, para apoyarlas a ellas en su sesión de Coaching. Muchas gracias. Vamos a disponer de veinte minutos para esta sesión. Cinco minutos antes de terminar te avisaré, Eneida, para que estés atenta a que el final del trabajo de Coaching se está aproximando.

Sesión de Coaching

Coach: Buenas tardes, Alicia. ¿Cómo estás?

Cliente: Hola, Eneida. Estoy muy contenta. ¿Cómo estás tú?

Coach: Gracias a Dios, muy bien. Muy contenta también. Vamos, entonces, a iniciar nuestra sesión de Coaching. Quiero estar segura de que vamos a alcanzar tu propósito y para esto quiero que me digas qué quieres lograr hoy.

Cliente: Estoy con un tema. Tú sabes que soy socia de Tani y que juntas estamos trabajando desde hace unos meses en la construcción de una página web internacional. Tenemos trabajando para nosotras a otras dos personas. Una tiene perfil de diseñadora, y la otra maneja el tema estratégico en la web y veo que pasa el tiempo, ya pasaron algunos meses, y no tenemos resultados. Lo que quisiera poder visualizar es qué puedo cambiar en mí para que no suceda esto. Quiero saber qué está impidiendo que avancemos o qué puedo hacer para que esto cambie.

Coach: Te escucho decir que Tani y tú quieren armar una página web internacional y no han logrado trabajar al ritmo que necesitan, y que tú quieres saber qué parte de ti puede estar impidiendo lograr que esa web esté lista para la fecha que ustedes tienen pactada.

Cliente: Sí. Más que llegar a la fecha pactada el problema es cómo lograr resultados. Hemos avanzado mucho, aunque no con la calidad que pretendemos, y aún no hay resultados concretos. Hemos tenido reuniones, trabajado con los clientes. Hemos hecho trabajos lindos desde lo interno, pero la concreción del producto, la mirada externa, la inserción de esa web, todavía no se produce.

Coach: Escucho que no hay resultados concretos y que la inserción de la página web no se da. Pregunto: ¿cómo tienen que ser esos resultados para que te sientas satisfecha?

Cliente: De alguna forma tenemos que empezar a generar relaciones en el exterior. Relaciones duraderas. Ubicarnos en distintos países de Latinoamérica. Relacionarnos bien con personas que nos ofrezcan estar en ese lugar y que la web sea vista internacionalmente, a través de las redes sociales y por otros medios.

Coach: OK.

Cliente: Yo diría que necesitamos que los resultados sean crecientes, que el esfuerzo se vaya plasmando en el tiempo de manera creciente.

Coach: Lo que escucho es que Tani y tú necesitan que la página web sea vista internacionalmente. Que sea vista en las redes sociales y que avance en el proceso de crear contactos en las redes sociales…

Cliente: Sí.

Coach: ¿Por qué esto es importante para ti en este caso? Estoy hablando de ti y no de Tani. ¿Por qué esto es tan importante para ti?

Cliente: Bueno, es un sueño mío. Este año he concretado una etapa en cuanto a cómo es la inserción acá en la Argentina y hemos viajado o he viajado a distintos países para escuchar propuestas concretas. La idea ahora es empezar a tener tiempo en distintos países y representantes como para que la escuela sea conocida internacionalmente, y eso para mí es un sueño importante. Me apasiona lo que hago. Me gusta mucho lo que hago, y veo resultados en la gente que formamos aquí en la Argentina y en los programas que damos. Entonces, bueno, la idea ahora es empezar a trabajar afuera.

Coach: Se te nota en la cara, lo veo a través de la cámara, la satisfacción, la sonrisa satisfecha cuando hablas de que se vean resultados fuera de la Argentina como los que están logrando en la Argentina. Aunque la cámara pueda distorsionar, se nota tu satisfacción y te felicito por la forma en que la expresas. Se te nota en esa sonrisa.

Cliente: Gracias.

Coach: Te felicito, porque lo manifiestas tal como lo sientes.

Cliente: Sí. La verdad es que es algo que me apasiona. Por ejemplo, hace una semana comenzamos con los mentoring y veo cómo disfruta la gente. Terminamos con procesos interesantes en cada formación. Entonces, bueno, para mí es un sueño empezar a trabajar en otros países. Lo he hecho esporádicamente, pero quisiera lograr que se desarrolle esta web. Quiero que este trabajo informático sea un verdadero apoyo para lo que quiero hacer.

Coach: Muy bien. Me has hablado de tu satisfacción y se te nota. Me hablaste de que quieres que la escuela se conozca internacionalmente, y que este trabajo mediático se concretice. Con estas cosas a la vista, quiero que me digas específicamente qué quieres trabajar hoy.

Cliente: Específicamente, esto que te comenté al principio: qué hace que no logre concretar una web internacional, y más que todo, de alguna manera quiero ver qué me puede pasar a mí en la relación con estas dos personas que te mencioné, en mi manera de conversar con ellos. Tengo que saber si hay algo que no logro transmitir. Creo que por ahí va el tema de esta sesión.

Coach: ¿Quiere decir que podemos concentrar este tiempo en trabajar lo que dijiste al principio? ¿Qué aspectos de ti pueden estar ocasionando que no sea efectiva esa relación? ¿Podremos, entonces, trabajar sobre las relaciones y sobre cómo te sientes?

Cliente: Sí. Eso, Eneida. Eso quiero trabajar hoy.

Coach: Las relaciones con estas personas, ¿cómo deben ser para que te sientas bien?

Cliente: En lo afectivo, en lo relacional, veo que están muy bien. No veo qué puede estar trabando eso. Voy más a la parte de cómo pido las cosas, de cómo coordinamos acciones con ellos. Quiero saber qué es lo que puede estar pasando, porque hay promesas de parte de estas personas en cuanto a plazos, a resultados, y eso después no se da. Hay muchas explicaciones, pero a mí no me sirve eso. Entonces, yo diría que es la relación profesional lo que quiero revisar.

Coach: O sea que quieres revisar la relación profesional porque no se está dando lo que tú esperas de ellos.

Cliente: No se dan los resultados, digamos.

Coach: Cuando está la promesa y no se dan los resultados, ¿descríbeme cómo reaccionas?

Cliente: Al principio, repaso lo que hemos acordado y me fijo si he cumplido o no. A veces me doy cuenta de algunas de las cosas que… hay material que yo prometí enviar y no envié a tiempo, por ejemplo. Reveo esto y empiezo a enviar el material. Sin embargo, noto que en la conversación con ellos, con cada uno de ellos, aparece esto de… "sí, pero… necesitamos más tiempo por esto o por lo otro…", cuando, en realidad, las promesas iniciales o los comentarios iniciales son de que se iban a obtener ciertos resultados. Se iba a tener una inserción determinada en las redes. Hay algunos trabajos que me piden y que podría hacerlos más intensamente; pero no veo que en lo que hago se observen los resultados que se prometían. Entonces, me pregunto si cuando ellos hablan de que se optimice el trabajo y de que va a haber un determinado volumen de inserción en la web, etcétera, me hago más expectativas. Hay ideas concretas que proponen y que no se llevan a la práctica. Hablamos de una web que iba a terminarse, que iba a estar lista, y está a medias, y no se ha terminado; entonces, es como que no sé en qué puedo estar yo, o de qué forma tendría que hablar con ellos o trabajar con ellos para que eso sea diferente.

Coach: Si el escenario fuera que tú ya sabes lo que ellos necesitan para que el resultado fuera diferente, ¿qué esperarías que ellos te digan para poder hacer las cosas de un modo diferente?

Cliente: No te entiendo la pregunta, Eneida.

Coach: Me dices que les presentas ideas, pero no se logran las cosas, y que tú te preguntas qué puedes hacer para que sea diferente el resultado. ¿Entendí?

Cliente: Sí.

Coach: Imaginemos que ese resultado se da. ¿Qué hiciste para que el resultado se diera? Es una escena que quiero que te imagines.

Cliente: ¿Qué hice para obtener resultados? Posiblemente, sea… Se me ocurre que poner un cronograma semanal y trabajar con ellos en forma semanal, con objetivos concretos en cuanto a plazo… Y no se me ocurre mucho más.

Coach: Magnífico. Un cronograma semanal con objetivos a corto plazo.

Cliente: Sí.

Coach: ¿Cómo te sientes al hacer eso?

Cliente: Me siento bien. Creo que tal vez algo que puede estar pasando es que yo supongo que ellos van a cumplir y no lo hacen. Entonces, pienso que este cronograma o poner concretamente qué se va a hacer en cada momento permitiría definir más claramente el cronograma hacia adelante, hacia el futuro.

Mentor coach: Quedan cinco minutos.

Coach: ¿Qué impide que puedas hacer el cronograma con la mirada hacia delante?

Cliente: Nada. Yo creo que es enteramente posible. Tenemos una relación fluida con cada colaborador y lo puedo hacer. Me junto con Tani, lo hacemos y lo conversamos después con cada uno de ellos. No creo que haya ningún inconveniente en eso. Al contrario.

Coach: ¿Quiere decir que lo puedes hacer hablando con Tani? ¿Y cuándo lo podrías hacer? ¿Qué fecha pondrías?

Cliente: No, con Tani hablamos todos los días. Pienso que mañana mismo lo puedo estar conversando con ella; así que con Tani sería casi inmediatamente.

Coach: O sea que con Tani sería casi inmediatamente, por no decir en este mismo instante.

Cliente: Con seguridad. Mañana lo estaríamos conversando.

Coach: Si entre ustedes conversan y se ponen de acuerdo, ¿cuándo estaría listo ese cronograma?

Cliente: Pienso que podemos conversar con ella mañana, y si ella está de acuerdo, armar entre las dos el cronograma, y en la reunión que tenemos con esta gente la semana próxima, llevar el cronograma como una idea.

Coach: Quiere decir que lo hablan ustedes mañana y la semana próxima lo llevan a la reunión con ellos. ¿Hay algo que pueda impedir que se reúnan con ellos la semana próxima?

Cliente: No, nada. Porque tenemos una reunión fijada, así que… nada. Nos vamos a ver la semana que viene. El martes, con seguridad, nos vemos.

Coach: Quiere decir que el próximo martes, que creo que es 29 de julio, estarían ustedes dos reuniéndose con ellos.

Cliente: Sí.

Coach: Dime dos objetivos que deban cumplirse en esa reunión para que tú te sientas satisfecha y caminando hacia el logro.

Cliente: Que sea una conversación fluida entre los cuatro y que sea una reunión motivadora para ellos.

Coach: Bien, debe ser fluida y motivadora esa comunicación de la próxima semana. En términos de esos dos criterios, ¿cómo te manejarías para que eso se dé y puedas llegar al fin de lo que tú quieres y que se adelante ese cronograma? ¿Hay algo extra que tú tengas que hacer?

Cliente: Primero, comentarles a los colaboradores que tenemos esto armado con Tani… Y que armamos el cronograma con la idea de hacer esto más intensamente, más rápidamente. Decirles que de nuestra parte vamos a estar más atentas a los pedidos que ellos nos hagan para enviarlos con más rapidez, y pedirles la máxima dedicación para que todo salga dentro del plazo que establezcamos en el cronograma. Creo que es posible, porque las dos personas son muy abiertas en esto.

Coach: Quiere decir que esto que ves posible, al hacerlo, dejaría satisfecha tu inquietud. ¿Cómo comparas lo que has dicho ahora con lo que sentías al principio de la conversación?

Cliente: Pienso que estaba suponiendo que ellos iban a cumplir su parte con la rapidez que nosotras se lo pedíamos, pero que no quedaba claro el cronograma. Pienso que eso puede ser lo que me ha estado impidiendo avanzar. El no pasar a la acción y el no establecer yo el cronograma y ver de mantener el cumplimiento y generar en ellos estas ganas de concretarlo. Creo que si lo hablo desde el punto de vista profesional de que también a ellos les apasione la situación, creo que puede ser bueno.

Coach: Alicia, ¿qué te dice de ti eso que has dicho ahora, al pedirte yo que compararas este momento con cuando iniciamos? ¿Qué le dice esto a Alicia de Alicia?

Cliente: Que tal vez este espacio de reflexión, en lugar de ponerme a ver lo que no sale... Este espacio de reflexión puede dar lugar a un resultado distinto, y a plantear el tema desde otro lugar. Creo que es algo de lo que me dice, que por ahí con un espacio de reflexión, pensando alternativas distintas, puedo ver algunas otras acciones que antes no veía.

Coach: Cerrando nuestra reunión, te felicito por la reflexión que has hecho, y que dices ver alternativas diferentes que no veías. Cerrando este proceso, descríbeme un sentimiento bien profundo que podrías traer de cómo te sientes en este instante.

Cliente: Contenta.

Coach: Te doy las gracias por confiar en mí en esta sesión.

Cliente: Gracias a ti, Eneida. Muchas gracias.

Sesión de Mentor Coaching

Mentor coach: Muchas gracias, Alicia y Eneida, por facilitar este proceso y por hacernos partícipes a todos. Me gustaría preguntarle a cada una de ustedes, empezando por ti, Eneida, cómo se sintieron en esta sesión, desde el comienzo hasta el final. ¿Qué significó para ti, Eneida, tener esta sesión con Alicia?

Coach: Fue una sesión interesante, todo un reto. Desafiante en dos niveles: primero, porque reconozco el proceso de trabajar cuando un proveedor no necesariamente está trayendo lo que uno espera, y eso me hizo estar más pendiente, más consciente de que se trata de la agenda de Alicia y no de la mía. Eso me hizo estar bien consciente y me deja ver que puedo poner a un lado un sentimiento, una situación personal y ubicarme en la situación de ella. Ese fue el sentimiento que estuve viviendo, y a la vez tuve que mantenerme en control, saber que estaba aquí como coach y no cambiarme los zapatos.

Mentor coach: Cuando tú hablas de reto, ¿te refieres a poder apartar un tema que tú vives y ponerte en los zapatos de Alicia?

Coach: Sí, así es. La agenda de Alicia, para mí, es un reto. Debo evitar hacer una proyección.

Mentor coach: ¿Qué más podrías decir con relación a la sesión? Aparte de ubicarte en los zapatos de Alicia y no quedarte en tu propia idea de lo que es la problemática que vive Alicia, ¿qué otras cosas pasaron contigo y te tocaron, te impactaron?

Coach: Fue importante el escenario que se creó. Específicamente, cómo ella se iba expresando físicamente. Su corporalidad cambió y me sentí muy complacida de poder seguirla en su proceso. Fue importante, para mí, ver cómo ella estaba buscando dentro de ella.

Mentor coach: Alicia: para ti, ¿qué significó, como cliente, como *coachee*, esta sesión? ¿Cómo la sentiste?

Cliente: Primero quiero agradecerle a Eneida. La sentí muy presente. Sentí esto que ella dice: la búsqueda, la reflexión acerca de qué otro camino yo podría tomar. En un momento, no recuerdo qué pregunta me hizo; pero me quedé un tiempo pensando en algo que no había pensado anteriormente; algo de lo que no me había dado cuenta.

Mentor coach: Como observadora, quisiera compartir qué fue lo que vi, y cómo lo vi. La idea es, entonces, retomar las distintas competencias a trabajar y tener claridad sobre qué fue lo que se dio en cada una de ellas. Me quiero referir, en primer lugar, al tema del acuerdo. Eneida, hiciste un acuerdo a nivel de PCC, en el que incluiste las distintas partes que un acuerdo debe tener: qué es lo que quiere trabajar el cliente y para qué es importante. Hiciste esto con frases muy sencillas, pero que fueron directas. Preguntaste: "¿Qué quieres trabajar hoy?". Así salió el tema de los resultados y se fue precisando, teniendo muy en cuenta lo que Alicia estaba proponiendo acerca de lograr resultados específicos y claros de ahora en adelante. "¿Por qué es importante para ti?", preguntaste entonces. Estos son temas fundamentales en la estructuración de un acuerdo. De ese modo llevaste a Alicia a que pudiera definir, muy específicamente, qué era exactamente lo que quería trabajar. Y eso lo lograste generando un ambiente de confianza, desde tu voz misma, que es cálida y genera conexión. Utilizando mucho el parafraseo. Siempre insististe mucho en parafrasear y retomar lo que Alicia estaba diciendo, para poder estar en total sintonía con ella. Es decir, que lograran tener total claridad las dos. Tu parafraseo hizo que Alicia pudiera definir en los primeros ocho minutos de la sesión qué era lo que se quería llevar. Lo único que faltó en ese acuerdo, a mi criterio, fue poder decir cómo se iba a medir el éxito de la sesión.

Cuando empezaron a trabajar, le hiciste una pregunta a Alicia, y en ese mismo momento le hiciste también una observación sobre su cuerpo. Esto permite decir que estabas en total sintonía con tu cliente, presente frente a la corporalidad de tu cliente. Y no solamente a su corporalidad, sino también a su emocionalidad, reflejada en su cara. Esa conexión permitió, seguramente, que la cliente pasara mejor por el embudo y pudiera sacar en forma más precisa lo que quería trabajar.

Con relación a la competencia de "confianza e intimidad", generaste un ambiente propicio, cálido, con una voz muy a tono con la melodía que Alicia trajo a la sesión. Es una voz que conecta, que anima. Hiciste una serie de preguntas y seguiste parafraseando permanentemente, y así le permitiste a Alicia exponerse ampliamente. O sea que entiendo que tu trabajo fue una invitación permanente para que Alicia pudiera abrirse más y seguir tanteando eso que ella quería lograr.

Con respecto a la competencia de "escucha activa", retomaste permanentemente con las mismas palabras que Alicia utilizó. Parafraseaste con las mismas palabras. Hay una escucha lineal, e incluso no lineal. Retomaste siempre lo que Alicia había propuesto con relación a los logros, para darle mayor claridad y conexión a la sesión. Hubo también un uso efectivo de los silencios. En dos momentos te quedaste totalmente callada y Alicia se concentró así mejor para pensar qué era exactamente lo que quería en ese momento. Hubo una danza permanente entre ustedes.

En relación con la competencia "comunicación directa", utilizaste muy bien el lenguaje de la clienta. Lo que observé fueron muchas preguntas relacionadas con el "qué", más que con el "quién". El "quién" apareció cuando preguntaste: "¿Cómo te sientes al hacer eso?". Es un momento en que la invitas a crear conciencia sobre el tema que está trabajando con la página web, con la pregunta "¿Qué te impide que puedas hacer o seguir el cronograma hacia adelante?". Pero, en términos generales, la mayoría de las preguntas estuvieron más dirigidas al tema, al "qué": "¿Qué se puede hacer con la web?", "¿Cuál sería el resultado?",

"¿Cómo sería el cronograma?"… Todas más orientadas a la inquietud concreta de la web, en vez de a lo que estaba pasando con Alicia por no lograr los resultados que esperaba. Por ejemplo: "¿Cuál sería el logro concreto al tener la web a tiempo?". Por lo demás, no retomaste algo de lo que dijo Alicia al comienzo: "¿Qué está pasando conmigo que esto no se logra?". Insisto: las preguntas están más orientadas al "qué" que al "quién". Más al tema que a lo que está pasando con Alicia en este momento y con respecto a este tema.

Haces una buena entrada al diseño de acciones, con tus preguntas: "¿Cómo podrías hablar con Tani?", "¿Para cuándo quieres proponer la conversación con Tani?", "¿Qué sería importante sacar de esa conversación y de esa reunión?". Son preguntas que le van permitiendo a tu cliente aterrizar, recoger, observarse y observar qué puede lograr en la realidad. Hubo una intervención tuya que me pareció única. Nunca había escuchado algo así. Tú le pediste a Alicia que mencionara dos objetivos de esa reunión que le harían sentir que avanzaba hacia el logro. Me parece que este pedido tuyo ayuda mucho a *aterrizar* ideas en este momento de cierre y de diseño de acciones. Se retoma así la conversación inicial para lograr dar el cierre total. Para cerrar el círculo de la conversación. Hay un cierre efectivo en el que sigues creando conciencia, y es cuando le haces una pregunta directa: "¿Qué te dice de ti esta comparación?". Estaba hablando Alicia de lo que iban a hacer y de lo que podrían trabajar. Vas cerrando con un toque especial y ahí le haces esa pregunta final. Escuché un cierre ajustado, con preguntas que le permitieron a Alicia aterrizar y no solamente quedarse en la pregunta del comienzo, sino poder hacer un planteamiento mucho más específico, para lograr sacar un buen provecho de la sesión.

No sé si tienen alguna pregunta o algún comentario sobre esto que acabo de expresar en cuanto a la aplicación de las distintas competencias durante la sesión.

Coach: Gracias por llevarme de la mano para que pueda ver desde otra perspectiva lo que sucedió. Especialmente, me ayuda el trabajo que hiciste comparando el proceso con las competencias. Cuando uno está llevando a cabo la sesión, está inmerso en el proceso, y con tu análisis me permitiste ver mis puntos fuertes y los puntos en los que puedo seguir mejorando.

Mentor coach: Espero serte de utilidad. Entiendo perfectamente lo que dices acerca de que cuando uno está en la sesión de Coaching, está tan inmerso en el proceso que difícilmente pueda decir algo de ese momento. Te doy las gracias. Alicia, ¿quisieras comentar o aportar algo?

Cliente: Nada. Muchas gracias, Isa, y gracias, Eneida, de nuevo.

Coach: Gracias a ustedes dos.

Feedback al mentor coach

Facilitador: Gracias a las tres por participar. Isa, hiciste un trabajo muy efectivo como mentor coach. Les vamos a pedir a los compañeros, ahora sí, que participen, y que te den feedback. ¿Qué les pareció que funcionó? ¿En qué fue efectiva Isa y en qué podría haber sido más efectiva? ¿A quién le gustaría compartir algunas observaciones sobre lo que acaban de escuchar?

Concepción: Yo escucho que Isa es muy suave, muy agradable, y que tiene un tono de voz muy puntual. La oigo muy enfocada en el tema sobre el que está dando feedback. Está muy enfocada en eso. A lo mejor faltaron ejemplos más puntuales de *feedforward*. O sea, ejemplos de preguntas poderosas sobre el "quién", que se podrían haber hecho, para que tenga más claro Eneida el feedback que se le está dando. Me encanta el tono de voz de Isa. Es muy agradable. Ella es, además, muy respetuosa, y eso siempre es muy bueno para la persona que está recibiendo feedback.

Facilitador: Lo que acordamos hoy era cambiar el modelo para dar feedback. Se puede trabajar con diferentes modelos. En uno, todos participan, y en el otro, el mentor y el coach están solos, y entonces el Mentor Coaching es individual. O sea que el Mentor Coaching grupal es una de las formas de trabajo que existen, pero también es útil el Mentor Coaching individual, en el que el mentor está solo y tiene que dar feedback al coach después de escuchar una grabación. Es importante que todos puedan hacer las dos cosas, porque de las diez horas requeridas por la ICF, siete, como máximo, pueden ser grupales, aunque, desde luego, hay personas que deciden tomar las diez horas individuales para sacar o renovar su credencial. Por eso, ahora nos estamos enfocando en la conversación uno a uno.

Teresa: Quiero decirle a Isabel que su tono de voz es muy dulce, que invita. Y también que creo que podría acortar un poquito toda la explicación que da y ser un poco más puntual en sus intervenciones.

Carlos: Escuché el proceso que llevó adelante Isa y quiero felicitarla. Lo manejó muy efectivamente. Retomó bien la conversación. Abrió el espacio de conversación entre la coach y la clienta. Veo que inicialmente hizo un resumen. Comenzó por el tema del acuerdo, verificando. Dio feedback y una opción de mejora para la coach. Después fue tomando cada una de las competencias y se fue metiendo efectivamente en ellas, de manera específica. Quiero felicitarte, Isa, por tu trabajo. Lo único para mejorar es la repetición de algunos de los conceptos. Cuando te enfocaste en varias de las competencias, tú misma decías "esto ya lo dije". De todos modos, la secuencia me pareció impecable.

Mentor coach: Muchas gracias.

Jorge: Me pareció importante la forma en que Isa dio feedback. Lo hizo con mucho amor, con mucha delicadeza en cada una de sus observaciones.

Coach: Yo le había dicho ya a Isa cómo me sentí durante el proceso. Para mí fue importante lo que hizo ella. Fue bien puntual, y yo esperaba que al cierre me diera unos *bullets* de esos que uno debe seguir puliendo. Es lo único que me faltaría y es más que nada una necesidad mía, para saber en qué debo concentrar mi energía en mi proceso de mejora continua.

Jorge: Lo que me parece que también había pedido Damián es que aclaremos en qué nivel de credencialización creemos que está el coach.

Mentor coach: Sí, eso me faltó. Me di cuenta. Cuando hicimos una práctica la semana pasada, en la que fui también mentor coach, había dos preguntas que Damián nos recalcó muchísimo. Una es: "¿En qué fuiste efectivo?", y la otra: "¿Qué harías diferente la próxima vez?". Esas son dos preguntas que retomo porque creo que son muy potentes para trabajar con el coach. Y también nos recomendó puntualizar al final en qué nivel está el coach en cada una de las competencias de la ICF, si es ACC, PCC o MCC. Estoy consciente de eso y lo haré la próxima vez, porque debe estar incluido en el mentoring.

Facilitador: Este es un aprendizaje para todos, Isa. Todos aprendemos de todos. Norma, ¿quieres agregar algo al feedback?

Facilitadora: Te felicito, Isa. Tu estilo, la forma, el tipo de feedback que das es muy amoroso, muy cálido, y justamente lo que yo iba a plantear para mejorar, lo planteaste vos. Una de las preguntas que hiciste al principio era sobre cómo se había sentido Eneida. Tal vez sea más conveniente preguntar en qué piensas que fuiste efectivo, qué piensas que faltó, antes que cómo te sentiste. Por otro lado, me pareció que fuiste chequeando todas las competencias, pero no tanto los marcadores. Quizá fue un análisis más general, más abierto el que hiciste. Creo que hubo algo que marcaste y que tendría que ver con la definición de si la coach estaba a la altura de ACC o PCC. Me refiero a las preguntas sobre el "qué" y el "quién". No hubo preguntas dirigidas al "quién". Me parece que allí estuviste muy clara. Aunque entre las preguntas detecté una que podría haber sido dirigida al "quién". Fue "¿Cómo reaccionas frente a esos resultados que no se dan?". Esto apuntaba bastante al ser de Alicia, pero la línea no se siguió; se perdió. En la respuesta de Alicia no se profundizó sobre estas reacciones suyas frente a esos resultados que no se dan; y todas las demás preguntas fueron sobre el "qué": "¿Qué impide hacer el cronograma?", o "¿Qué puede llegar a impedir…?", "¿Qué podrías hacer?"…, todo en esa línea. O sea, todo dirigido a la acción. Sin embargo, hay que decir que toda esa exploración referida al "qué" fue bastante clara.

Facilitador: Lo que hiciste y resultó muy efectivo, Isa, fue crear las condiciones de aprendizaje. En Mentor Coaching se busca crear un contexto de aprendizaje. Eso es muy importante. A veces no es fácil hacerlo, hasta que se tiene la experiencia de cómo crear ese contexto en el cual el coach se siente cómodo y se permite ser vulnerable para poder recibir feedback. Pero tú fuiste muy efectiva, Isa, para crear ese contexto con tu tono de voz, con tu forma de ser como mentor coach. Te escuché comprometida con el aprendizaje de Eneida. ¿Todos escucharon eso? ¿Observaron cómo Isa, con su forma de hablar, de comentar y de hacer sus observaciones creó ese contexto didáctico para que Eneida pudiera beneficiarse? Aunque no apareció en esta conversación, es bueno recordar que hay que prestar atención, como mentor coach, a no quedar apegado o atado a nuestras observaciones. Así como buscamos que el coach no esté atado a sus observaciones e intervenciones, lo mismo hay que lograr como mentor coach. Hay que ofrecer perspectivas y luego ver cómo pueden ser de utilidad para el coach. Puede ocurrir que el cliente o el coach no estén muy de acuerdo con un comentario o una observación del mentor coach. La idea no es discutir, sino decir, por ejemplo: "Te invito a que reflexiones sobre eso; aunque pueda ser que mi comentario esté equivocado, te invito a que reflexiones sobre lo que te aporto". No se trata de saber quién tiene razón, sino qué es lo que hay para aprender. Este es un enfoque que necesitamos tener. Destaco, entonces, que Isa fue muy efectiva al no quedarse apegada a sus intervenciones.

Quisiera ahora distinguir el Mentor Coaching grupal del individual. A nivel grupal debemos involucrar a todos los participantes. Tenemos que tener habilidad para facilitar el desempeño del grupo y aprovechar todas las intervenciones, y aclarar cuando los comentarios puedan no coincidir con las observaciones del mentor coach. Por ejemplo, puede ser que un participante hable sobre la ausencia de un comportamiento que sí estuvo presente, o puede pasar lo contrario: que se diga que estuvo algo que faltó. También, algún participante puede hablar de efectividad en una competencia, cuando en realidad la persona que está recibiendo el feedback no fue efectiva en ese punto en particular. A nivel individual, en cambio, se da un diálogo más exhaustivo con el coach. Por ejemplo, en esta sesión, la mentor coach podría haber preguntado: "¿Cómo viste el balance entre preguntas por el 'qué' y por el 'quién'?". Tenemos que encontrar siempre la forma de hacer que el coach analice su propio trabajo. Es útil que busquemos y encontremos la forma de involucrar al máximo al coach en la conversación y en el aprendizaje permanente.

Análisis del proceso y reflexiones posteriores

Acuerdo de Mentor Coaching

Al iniciar el proceso de Mentor Coaching, la creación del contexto fue efectiva. La mentor coach aclaró la duración de la sesión y le dijo a la coach que le avisaría cinco minutos antes de que concluyera el tiempo destinado. Es más conveniente preguntarle al coach si quiere que le avisemos y cómo quiere que lo hagamos.

La mentor coach fue efectiva creando intimidad cuando les solicitó a los integrantes del grupo que observaban que apagaran sus cámaras y sus micrófonos. Esto aportó claridad para todos acerca de cómo se iba a llevar a cabo la sesión de Mentor Coaching:

> "Eneida será en este caso la coach y Alicia la clienta. A todos los demás participantes les pido por favor que apaguen sus cámaras y silencien los micrófonos, para apoyarlas a ellas en su sesión de Coaching. Muchas gracias. Vamos a disponer de veinte minutos para esta sesión. Cinco minutos antes de terminar te avisaré, Eneida, para que estés atenta a que el final del trabajo de Coaching se está aproximando".

La mentor coach generó un contexto oportuno para iniciar la retroalimentación, tanto al aclarar su rol como al señalar que fundamentaría lo que observara:

> "Como observadora, quisiera compartir qué fue lo que vi y cómo lo vi. La idea es, entonces, retomar las distintas competencias a trabajar y tener claridad sobre qué fue lo que se dio en cada una de ellas".

Desarrollo de la relación mentor coach - coach

Observamos durante todo el proceso de feedback que la mentor coach construye un vínculo profesional basado en la presencia y la confianza. Antes de comenzar la sesión y al finalizarla, Isabel cumple con su tarea de mentor coach cálidamente, creando buen clima, y no olvida agradecer tanto al coach como al cliente por su trabajo. El contexto logrado así es adecuado para iniciar la entrega de feedback.

En el presente caso se percibe que la mentor coach confía en sí misma, así como en la coach y en el proceso; y también se ve cómo alienta a la coach para que exprese sus ideas y sus emociones:

> "Me gustaría preguntarles a cada una de ustedes, empezando por ti, Eneida, cómo se sintieron en esta sesión, desde el comienzo hasta el final. ¿Qué significó para ti, Eneida, tener esta sesión con Alicia?".

En este trabajo de la mentor coach se observa, además, que todo el tiempo muestra respeto por lo que hace la coach. Esta valorización se aprecia durante las entregas que hace, en las que da feedback alentador y correctivo.

Un área de mejora estaría en que la mentor coach haga al final de cada intervención un reconocimiento general de todo lo observado.

También se nota cómo la mentor coach busca crear una relación profesional de igualdad entre colegas, sin permitir que su rol la coloque en un plano de superioridad:

> "Espero serte de utilidad. Entiendo perfectamente lo que dices acerca de que cuando uno está en la sesión de Coaching, está tan inmerso en el proceso que difícilmente pueda decir algo de ese momento".

Se observa cómo la mentor coach estuvo "presente" y fluyó junto a la coach. Esto se hizo evidente en cada una de sus intervenciones durante la entrega de feedback. Fue apreciativa y contenedora, y todo el tiempo destacó los aspectos positivos del trabajo de la coach, brindándole aportes de forma cálida, genuina y constructiva, reconociendo todas y cada una de las conductas positivas que observó, así como aquellas que no vio que estuvieran presentes. Por ejemplo:

> "Cuando empezaron a trabajar le hiciste una pregunta a Alicia, y en ese mismo momento le hiciste también una observación sobre su cuerpo. Esto permite decir que estabas en total sintonía con tu cliente, presente frente a la corporalidad de tu cliente. Y no solamente a su corporalidad, sino también a su

emocionalidad, reflejada en su cara. Esa conexión permitió, seguramente, que la cliente pasara mejor por el embudo y pudiera sacar en forma más precisa lo que quería trabajar".

Escucha

La mentor coach, en su devolución, se refirió todo el tiempo a las fortalezas de la coach, y dejó de lado la posibilidad de mencionar las áreas de oportunidad de mejora. Por otra parte, la devolución fue siempre apreciativa, e indicó con palabras cálidas las expectativas acerca de que la coach mejoraría rápidamente su desempeño.

El proceder de la mentor coach favoreció que la coach se expresara. Esto se vio, por ejemplo, cuando dijo:

> "No sé si tienen alguna pregunta o algún comentario sobre esto que acabo de expresar en cuanto a la aplicación de las distintas competencias durante la sesión".

A lo que la coach respondió:

> "Gracias por llevarme de la mano para que pueda ver desde otra perspectiva lo que sucedió. Especialmente, me ayuda el trabajo que hiciste comparando el proceso con las competencias. Cuando una está llevando a cabo la sesión, está inmersa en el proceso, y con tu análisis me permitiste ver mis puntos fuertes y los puntos en los que puedo seguir mejorando".

Feedback

La mentor coach generó un contexto oportuno para iniciar la entrega de feedback, demostrando que detectó la presencia de conductas asociadas a las competencias del modelo de la ICF. Al iniciar su intervención se preocupó por aclarar el alcance de su rol y por señalar que fundamentaría sus observaciones.

A lo largo de toda la sesión, la mentor coach dio feedback generando un espacio de confianza y de respeto. Esto se vio reflejado en los comentarios hechos por la coach.

Dio un feedback mayormente alentador, y en todo momento se basó en hechos concretos:

> "Haces una buena entrada al diseño de acciones, con tus preguntas: '¿Cómo podrías hablar con Tani?', '¿Para cuándo quieres proponer la conversación con Tani?', '¿Qué sería importante sacar de esa conversación y de esa reunión?'. Son preguntas que le van permitiendo a tu cliente aterrizar, recoger, observarse y observar qué puede lograr en la realidad".

Veamos un ejemplo de feedback alentador:

> "Hay un cierre efectivo en el que sigues creando conciencia, y es cuando le haces una pregunta directa: '¿Qué te dice de ti esta comparación?'. Alicia estaba hablando de lo que iban a hacer y de aquello en lo que podrían trabajar. Vas cerrando con un toque especial y ahí le haces esa pregunta final. Escuché un cierre ajustado, con preguntas que le permitieron a Alicia aterrizar y no solamente quedarse en la pregunta del comienzo, sino poder hacer un planteamiento mucho más específico, para lograr sacar un buen provecho de la sesión".

También ofreció feedback correctivo, mostrándole a la coach en qué puede ser aún más efectiva:

> "… No retomaste algo de lo que dijo Alicia al comienzo: '¿Qué está pasando conmigo que esto no se logra?'. Las preguntas están más orientadas al 'qué' que al 'quién'. Más al tema que a lo que está pasando con Alicia en este momento y con respecto a este tema".

La mentor coach habría sido más efectiva si en primer lugar hubiera hecho reflexionar a la coach sobre su desempeño global en la sesión.

Este es un punto importante en el desempeño de la mentor coach, ya que es parte indispensable del proceso de aprendizaje del coach ayudarlo a crear conciencia sobre lo que llamamos el "quién" de nuestros clientes, un eje que facilita situarse para, desde ese lugar, empezar a trabajar temas o situaciones.

Aplicación del Modelo de Competencias Clave de la ICF

El objetivo central del proceso de Mentor Coaching es facilitar un aprendizaje ordenado y efectivo valiéndose de un feedback que ponga en evidencia, de manera equilibrada, las fortalezas del coach y sus áreas a desarrollar.

En el caso que nos ocupa ahora, la mentor coach demostró conocer en profundidad las conductas asociadas a cada una de las Competencias Clave de la ICF, ya que identificó claramente la presencia o la ausencia de cada una de ellas en la sesión de Coaching. La posibilidad de mejora encontrada en el trabajo de Mentor Coaching estuvo en diferenciar los comportamientos observados para poder encuadrarlos en las distintas acreditaciones (ACC, PCC o MCC). No obstante, hay que recalcar que la propia mentor coach reconoció esto durante su intervención:

> "Sí, eso me faltó. Me di cuenta. Cuando hicimos una práctica, la semana pasada, en la que fui también mentor coach, había dos preguntas que Damián nos recalcó muchísimo. Una es: '¿En qué fuiste efectivo?', y la otra, '¿Qué harías diferente la próxima vez?'. Esas son dos preguntas que retomo, porque creo que son muy potentes para trabajar con el coach. Y también nos recomendó puntualizar al final de la sesión de Mentor Coaching en qué nivel está el coach en cada una de las competencias de la ICF, si es ACC, PCC o MCC. Estoy consciente de eso y lo haré la próxima vez, porque debe estar incluido en el mentoring".

En este caso, la mentor coach no indicó que la sesión no había alcanzado un nivel PCC porque no se profundizó en el "quién", en la identidad de la clienta, y tampoco en su relación con la inquietud presentada.

Otro aspecto de mejora estuvo en incluir, a modo de introducción del proceso de Mentor Coaching, preguntas para que el coach señale en qué cree que fue efectivo y en qué podría serlo más. Esta clase de preguntas abren a la reflexión y ayudan al mentor coach a desempeñarse mejor.

Hay un claro ejemplo de aplicación de las competencias "preguntas poderosas" y "creación de conciencia": el momento en que la mentor coach hizo una observación relevante para el aprendizaje:

> "Lo que observé fueron muchas preguntas relacionadas con el 'qué', más que con el 'quién'. El 'quién' apareció cuando preguntaste: '¿Cómo te sientes al hacer eso?'. Es un momento en que la invitas a crear conciencia sobre el tema que está trabajando con la página web, con la pregunta '¿Qué te impide que puedas hacer o seguir el cronograma hacia delante?'. Pero, en términos generales, la mayoría de las preguntas estuvieron más dirigidas al tema, al 'qué': '¿Qué se puede hacer con la web?', '¿Cuál sería el resultado?', '¿Cómo sería el cronograma?'… Todas más orientadas a la inquietud concreta de la web, en vez de a lo que estaba pasando con Alicia por no lograr los resultados que esperaba".

Gestión del aprendizaje

A lo largo de la sesión, la mentor coach evidenció su capacidad para diseñar, intervenir y acompañar el proceso de aprendizaje. Entre las conductas asociadas podemos observar que reconoce y celebra el progreso obtenido. Por ejemplo, cuando le señala al coach:

> "Hay un cierre efectivo en el que sigues creando conciencia, y es cuando le haces una pregunta directa: '¿Qué te dice de ti esta comparación?'. Alicia estaba hablando de lo que iban a hacer y de aquello en lo que podrían trabajar. Vas cerrando con un toque especial y ahí le haces esa pregunta final".

Es de recalcar que en todo momento la mentor coach, que es colombiana, tiene en cuenta de manera respetuosa las diferencias de estilos en el lenguaje vinculadas a la multiculturalidad que se presenta, ya que la coach es portorriqueña y la clienta, argentina. Otro aspecto relevante de este trabajo de Mentor Coaching está en el abordaje de las posibles resistencias frente al aprendizaje:

> "¿Qué más podrías decir con relación a la sesión? Aparte de ubicarte en los zapatos de Alicia y no quedarte en tu propia idea de lo que es la problemática que vive Alicia, ¿qué otras cosas pasaron contigo y te tocaron, te impactaron?".

Como área de desarrollo, faltaría profundizar el espacio vinculado con cocrear el proceso de aprendizaje junto a la coach, indagando expectativas dado su nivel actual de formación y sus preferencias de estilo de Mentor Coaching.

Autorreflexión

La mentor coach, luego de la sesión, exhibe una fuerte capacidad para reflexionar sobre su desempeño, se muestra abierta al feedback dado por sus pares, y de hecho trae una reflexión propia sobre el feedback dado en otra sesión:

> "… También nos recomendó puntualizar al final en qué nivel está el coach en cada una de las competencias de la ICF, si es ACC, PCC o MCC. Estoy consciente de eso y lo haré la próxima vez porque debe estar incluido en el mentoring".

Demuestra de este modo que es consciente de "quién" está siendo como mentor coach y de sus áreas de oportunidad. Muestra interés en seguir aprendiendo y está abierta al feedback sobre su desempeño.

CAPÍTULO 7

CASO 4

Coach: Héctor
Cliente: Viviana
Mentor coach: Nancy
Facilitadores: Damián y Norma

Creación del contexto de la sesión de Mentor Coaching

Mentor coach: Vamos a entrar en un espacio de desarrollo. Un espacio en el que no hay nada que estemos haciendo mal ni bien. Un espacio de aprendizaje. Héctor, ¿en qué competencias quieres enfocarte hoy?

Coach: En "preguntar poderosamente".

Mentor coach: ¿Qué quieres trabajar específicamente de "preguntar poderosamente"?

Coach: Lo que está vinculado a indagar en el "quién".

Mentor coach: ¿Están listos para la sesión de Coaching? *(El coach y el cliente asienten).*

Mentor coach: La sesión durará veinte minutos. ¿Quieres que te avise cuando queden cinco minutos?

Coach: Sí, gracias.

Sesión de Coaching

Coach: Hola, Vivi.

Cliente: Hola, Héctor.

Coach: Qué gusto verte.

Cliente: Gracias.

Coach: ¿Cómo estás? ¿Estás lista para que comencemos a trabajar?

Cliente: Sí, estoy lista.

Coach: ¿En qué te gustaría que trabajemos hoy?

Cliente: Estoy un poquito ansiosa porque armé dos grupos pequeños de Mentor Coaching. Un grupo inicia mañana y el otro el viernes. En el del viernes hay cinco inscriptos y va a haber gente de otro país que va a participar, pero en el que empieza mañana solamente hay dos inscriptos, y estuve pensando si lo cancelaba. Lo que hice fue escribirles a las dos personas que se inscribieron y decirles qué les parecía este desafío; porque iban a ser solamente ellos dos, si querían continuar, y me dijeron que sí. Cuando me dijeron que sí, me agarró cosita en la panza, y eso es lo que quiero trabajar, lo que quiero conseguir hoy es poder relajarme, lograr estar tranquila para mañana poder ser la mentor coach que puedo ser.

Coach: ¿Y qué consideras que necesitas, Vivi, para relajarte y ser esa mentor coach que puedes ser?

Cliente: Necesito experiencia, pero la voy haciendo poco a poco. La voy a tener que ir haciendo. Necesito aprendizaje, que lo estoy haciendo. Pero también entiendo que la experiencia y el aprendizaje son procesos que tengo que atravesar. Traje esto a la sesión porque quiero controlar mi ansiedad, aunque… no sé si "ansiedad" es la palabra; pero es una tensión en la boca del estómago lo que siento…

Coach: Te voy a decir lo que escuché, así vemos si vamos bien, ¿te parece? Escucho que estás por comenzar con dos grupos de Mentor Coaching y es algo que te pone muy contenta, pero también te genera mucha ansiedad; y, particularmente, lo que te pasa es que mañana comienzas con un grupo en el que hay dos personas, y lo que te gustaría hoy es explorar cómo trabajar la ansiedad, para lograr ser la mentor coach que puedes ser.

Cliente: Sí… Sí, más que ansiedad, es tensión en la panza.

Coach: Comprendo… ¿Qué te gustaría llevarte de esta sesión?

Cliente: Me querría llevar alguna herramienta, y querría sentir que se me relaja la panza.

Coach: Que se te relaja la panza, bien. ¿Qué consideras que necesitas que pase para que se te relaje la panza?

Cliente: Considero que tengo que entender que esto es un aprendizaje y una experiencia, y dejar que me atraviese la experiencia mañana a la tarde. Claro que como son dos los participantes, es muy diferente a cuando son ocho personas, o seis, o cinco. Porque en esos casos se puede experimentar más. Por eso, mi propuesta hacia ellos fue: veamos qué surge, cómo se sienten trabajando, y ahora que te lo digo, me lo estoy diciendo yo. Creo que es algo que voy a tener que construir con lo que vaya surgiendo. Tengo planeado hablar de las competencias. Como son solo dos personas, van a tener tiempo. Mi preocupación es poder brindarles una buena calidad de Mentor Coaching.

(Silencio).

Coach: Vivi, recién hablabas de una herramienta que te ayude a estar preparada para mañana, y de ser esa mentor coach que deseas. ¿Cómo te vas a dar cuenta al final de la sesión de que conseguiste lo que viniste a buscar?

Cliente: Yo creo que lo principal de lo que me voy a llevar va a ser una sensación: no tener más ese huequito en la boca del estómago. Es más, creo que ya hablándolo me relajo un poco.

Coach: ¿Por dónde te gustaría que comencemos a trabajar, Vivi?

Cliente: Y… me gustaría trabajar en acallar la exigencia. Porque creo, en mi interpretación de mi mundo interior y de mis conversaciones internas, que predomina la exigencia que tengo de querer ser no la mejor, sino la mentor coach que puedo llegar a ser, y cuando tengo este diálogo, me digo. "Bueno, ¿y se me equivoco?". Y por otro lado me pregunto: "Y si me equivoco, ¿cuál es el problema? ¿Qué es lo peor que puede pasar?". Confío en mí y también confío en que les puedo pedir a los dos colegas que están confiando en mí que me digan cómo quieren seguir con un tema. Y ahora que te estoy diciendo esto, estoy pensando que tiene que fluir. Me estoy dando cuenta de esto, que quizá la exigencia hay que aceptarla. Sí, creo que es eso, porque hasta puedo respirar mejor. Creo que la exigencia hay que aceptarla, y darle paso a la experiencia y a la confianza que sé que tengo. Sí, sé que puedo hacerlo, y si me equivoco, me equivoco. Si pasa eso, les diré que me equivoqué, les preguntaré por dónde les parece que podemos seguir, cómo quieren que sigamos.

(Silencio).

Coach: Te cambió la cara cuando dijiste eso.

Cliente: Sí, es increíble. Se me pasó el dolor de estómago. Por lo menos se me calmaron los nervios. Sentí que me entró oxígeno cuando dije lo de recién. Eso sentí.

Coach: ¿Qué quieres decirle a la exigencia?

Cliente: Que muchas veces me arruina la vida. Eso quiero decirle. En todo sentido. La exigencia es algo, obviamente, muy subjetivo. Hay que ser exigentes en determinadas cosas; pero cuando uno es muy exigente, como estoy aprendiendo a no serlo, uno no puede disfrutar de algunas cosas. Ahora, en esta etapa de mi vida, estoy con la mirada en un montón de cosas... Me doy cuenta de un montón de cosas sin que me las digan.

Coach: ¿Quieres compartir conmigo de qué te das cuenta?

Cliente: Sí. Lo que veo es una mirada de confianza tuya hacia mí. Es lo que estoy sintiendo, y... eso me hace sentir bien. Tu actitud me hace sentir bien. Me ayudó a respirar. También veo que puedo reflejarme en tu tranquilidad. Siento que tu tranquilidad me da tranquilidad a mí. No sé si es válido, en esta conversación, decir esto, pero tu tranquilidad me ayuda a pensar en lo que va a pasar mañana, me sostiene. Creo que la herramienta ya está.

Coach: ¿Cuál ves que es esa herramienta?

Cliente: La herramienta es el sostén que siento. Este sostén me hace acordar de que debo confiar en el proceso. Sentir confianza. Confiar en el proceso, en el cliente y en el coach, que son los tres elementos y… Bueno, esto es poderoso, porque me di cuenta, mirándote, no sé cómo buscar…

Coach: Te invito a que por un minuto reflexionamos sobre algo. Me hablaste hace un rato de la mentor coach que quieres ser. ¿Cómo es esa mentor coach?

Cliente: Me gustaría ser una mentor coach atravesada por las competencias más fundamentales. Por todas las competencias, la presencia, la escucha activa, la comunicación directa, todas las competencias, porque las tengo que modelar para los coaches que confíen en mí como mentor coach. Sobre todo, quiero tener una escucha muy activa y quiero tener mucha presencia. Eso es lo que yo deseo, para poder aprender de los coaches, de mis colegas, para poder crecer junto a ellos, porque creo que es un lugar con mucho crecimiento y aprendizaje. Quiero escuchar bien a la gente, porque en este aprendizaje que vamos teniendo con otros, interactuando todo el tiempo con los otros, surge no solo mi estilo sino el estilo de ellos, y creo que es un lugar muy rico, muy nutritivo.

Coach: Y cuando me cuentas esto y te cuentas esto, ¿qué sientes?

Cliente: Siento un crecimiento personal que todavía me falta, que se está haciendo. Siento que empecé gateando, que estoy empezando a gatear y que voy a dar después los primeros pasos. Que me estoy levantando, medio tambaleando; pero que voy a salir caminando.

Coach: Me hablas de salir caminando y de que estás tambaleando, y hace rato me hablaste de un sostén, ¿es así?

Cliente: Sí.

Coach: De esto que vamos hablando, ¿qué consideras que puede ser ese sostén?

Cliente: El sostén es recordarme a mí misma quién estoy siendo; y, teniendo bien presente quién estoy siendo, buscar la fuerza que tengo, porque tengo mucha fuerza, y muchas ganas de empezar a hacer esto, y sobre todo creo que el sostén es dejarme fluir con lo que surja.

Coach: ¿Se te ocurre alguna manera de hacer que esto suceda mañana?

Cliente: Sí, mañana desde las dieciocho y treinta hasta las veinte y treinta de Argentina… Lo primero que voy a hacer para que suceda esto es, un rato antes, realizar alguna otra actividad. Estoy haciendo unas relajaciones de *biocodificación* que me ayudan muchísimo a relajarme. Voy a hacer también alguna ejercitación que tenga que ver con el *centramiento*, y después, lo que surja. Creo que tengo más o menos planificada la clase. Tengo ya aceptado que algún error puedo cometer con el *zoom*, con el sistema *zoom*, porque es nuevo *(risas)*, así que voy a probar mandar los links hoy; pero bueno, está entendido esto como parte de lo que puede surgir.

Coach: Buenísimo, Vivi. Para ir cerrando, ¿qué aprendizaje te llevas?

Cliente: Que la exigencia la tengo que dejar a un costado, y dejar fluir. Porque realmente me di cuenta de que yo estaba ahí, como dice la chacarera de nuestro amigo santiagueño, o tucumano, que *andaba por ahí lo que buscaba por allí*, y si está aquí, no tengo que buscar por ahí.

Coach: Y con relación a lo que te pusiste como objetivo de la sesión, ¿encontraste la herramienta que buscabas?

Cliente: Sí, la encontré enseguida. Puedo tocarme la boca del estómago. Mientras hablábamos me di cuenta enseguida de cuál era la herramienta.

Coach: Bueno, te felicito, Vivi, porque ese es un gran trabajo tuyo.

Cliente: Gracias.

Coach: Estoy seguro de que vas a conectarte con esa mentor coach que quieres ser. Y te voy a pedir que me cuentes, por supuesto, cómo te fue, ¿sí?

Cliente: Seguro. Cómo no. Te voy a invitar.

Coach: ¿Cómo te gustaría que terminemos esta sesión?

Cliente: Para mí está muy bien. Te abrazo desde acá. Muchas gracias por acompañarme en este proceso. Me voy muy bien. Gracias.

Coach: Gracias.

Sesión de Mentor Coaching

Mentor coach: Gracias, Vivi, por compartir con todos nosotros tu vulnerabilidad y por permitirnos aprender. Gracias por tu generosidad y por tu presencia. Lo mismo para ti, Héctor. Muchas gracias por tu presencia, por ayudarnos a nosotros a ser mejores coaches. Te quería preguntar cómo te sentiste. Tomate unos momentos para contarnos cómo fue tu experiencia.

Coach: Me sentí muy bien, Vivi es una excelente clienta.

Mentor coach: Sí, es verdad. ¿En qué te parece que fuiste efectivo?

Coach: Creo que fui efectivo en la presencia, y en generar confianza e intimidad. Creo que el acuerdo también estuvo bien. Resaltaría esas tres competencias.

Mentor coach: Estoy de acuerdo. ¿Hay algo que te hubiera gustado hacer de manera diferente?

Coach: Seguramente, encontraría algo; pero la verdad es que en este momento me cuesta. Seguramente, cuando escuche la grabación voy a encontrar cosas que debo mejorar.

Mentor coach: Creo que tienes un buen motivo para sentirte bien con tu trabajo de coach. Gracias. Gracias por compartir. Vivi, ¿cómo fue para ti esta experiencia? ¿Qué te resultó efectivo?

Cliente: Me resultó muy efectivo Héctor como coach. Primero, porque sentí su presencia y pude actuar con confianza. Sentí claramente que Héctor estaba ahí, siempre presente… Es muy sereno, y a los cinco minutos de estar hablando con él empezaron a caerme las fichas… Solamente de mirarlo…

Mentor coach: Una linda sensación. Yo la sentí también cuando te escuchaba. Héctor, me gustaría darte mi feedback. ¿Cómo preferirías que te lo brinde? ¿Te gustaría que te comente mis impresiones en general o prefieres que vaya competencia por competencia?

Coach: Creo que me serviría más recibir el feedback competencia por competencia.

Mentor coach: Tomé notas y voy a hacerlo así, entonces: competencia por competencia. ¿Te parece bien si también comparto contigo cuáles preguntas me parecieron poderosas?

Coach: Desde luego. Muchas gracias.

Mentor coach: Para empezar, voy a dar mi impresión general sobre tu trabajo diciéndote que comparto lo que sintió Vivi. Yo lo sentí siempre que nos encontramos. Hay algo en tu forma de ser y en tu mirada que hablan de que estás muy presente. Yo, cuando miro a todos los compañeros y después te miro a ti, siento como si me estuvieras mirando a mí directamente. Es una sensación muy especial, muy linda. Siento que sientes conmigo, así que me imagino que para Vivi ha tenido que ser muy poderoso eso, porque yo que no te conozco lo siento a través de una computadora. Quería compartir esto contigo, porque es algo de una gran calidad, muy natural en ti, y que emana, y eso tiene mucho que ver con la competencia de la presencia del coach, y con la escucha activa. Estoy hablando de tu forma natural de crear confianza e intimidad con tu cliente. Eso me parece que te sale naturalmente, que es un don y un regalo para los demás, para todos nosotros.

Voy a compartir ahora las preguntas que me parecieron efectivas y poderosas. Le preguntaste a Vivi qué considera que necesita para ser la mentor coach que quiere ser y eso fue al principio de la sesión. O sea que fuiste al ser de la clienta, y me pareció efectivo que lo hicieras de entrada. Le fuiste repitiendo a Vivi: "esto es lo que escucho", y se reflejaba así que estabas prestando atención e interesado en lo que estaba diciendo.

Estuviste muy efectivo en el acuerdo. Respetaste los marcadores. Le preguntaste a tu cliente qué quería trabajar, qué le gustaría llevarse de la sesión. Le repetiste: "¿Quieres una herramienta para que te ayude?". Le preguntaste: "¿Cómo te vas a dar cuenta?". Todo eso se estableció de entrada en el acuerdo, y así quedó muy claro qué es lo que necesitaba Vivi al final de la sesión para poder sentir que se iba a llevar lo que necesitaba.

En cuanto a crear confianza e intimidad, tu sonrisa y tu mirada atenta fueron detalles fundamentales. Veo que inclinas la cabeza y miras con intención, y le muestras a tu cliente que estás presente. Tus silencios también crean confianza. Traigo las palabras de Vivi cuando habló de tu "mirada de confianza"; y no tengo que decir nada más. Ya tu cliente lo dijo muy bien cuando habló de cómo fuiste muy efectivo para crear confianza e intimidad, y esto también es parte de la escucha activa.

Cuando le dijiste a Vivi: "Te cambió la cara", le mostraste que le estabas prestando atención no solo a lo verbal, sino también a lo no verbal, a la totalidad. Tu presencia como coach fue muy efectiva, muy cálida, y fue, me parece, lo más poderoso de esta sesión.

Hablemos ahora de *preguntas poderosas*. Preguntaste: "¿Qué quieres decir con 'la exigencia'?", y eso me pareció profundo como exploración, porque la respuesta que te dio Vivi significó una vuelta de tuerca que le permitió conectar con otras cosas de su vida, no solo con el tema de esta sesión. Por eso ella dijo: "La exigencia no solo aparece en esto, sino en otras partes en mí". Gracias a esa pregunta poderosa, Vivi pudo hacer la conexión. Y también me pareció poderosa la pregunta "¿Cómo es la mentor coach que quieres ser?"; porque va dirigida al ser, y siempre resulta efectiva la mirada hacia dentro.

Fuiste muy efectivo en lo relativo a comunicación directa. Tanto en la forma de tus comentarios, de tu comunicación verbal, como en tu comunicación no verbal. Y también fuiste efectivo al reflejar el lenguaje que usó tu clienta.

Al preguntar poderosamente fuiste al ser de tu clienta, y eso le permitió crear conciencia, darse cuenta de su nivel de autoexigencia y de la necesidad de dejarse llevar con el aprendizaje, fluir.

Hay algo que quería compartir contigo. No es una crítica. Es algo que tiene que ver más que nada con los distintos estilos de trabajo. Todos tenemos diferentes estilos de Coaching, y teniendo en cuenta esto, te digo que a mí me hubiera gustado que le preguntaras a Vivi qué le estaba diciendo la panza cuando no estaba relajada. Me dio curiosidad eso. Nuevamente, te aclaro que no creo que esto que te digo ahora desmerezca tu trabajo, que fue muy bueno; pero es algo que a mí me hubiera gustado preguntar.

En cuanto a las áreas de desarrollo, se me hace muy difícil calificarte; porque me parece que fuiste muy efectivo en todas las competencias. Te diría, definitivamente, que estás en un nivel PCC. Excepto por ese aspecto que a mí me dio curiosidad y sobre el que tú no preguntaste para seguir explorando, tu trabajo me pareció excelente. No se me ocurre qué más decirte. *(Risas).* Estoy curiosa por saber qué van a decir los demás. Nuevamente, muchísimas gracias a los dos por compartirse con nosotros y por el aprendizaje que nos permitieron desarrollar.

Coach: Gracias a ti, Nancy, por la devolución. Muchas gracias.

Feedback al mentor coach

Facilitador: Felicidades, Nancy, por el trabajo que hiciste. Fue un buen regalo para todos poder aprender contigo. Les voy a pedir a todos que le den feedback a Nancy. Si hay algo que Nancy no hizo y que a ustedes les hubiera parecido efectivo que hiciera, pueden decirlo ahora. Los invito a que cada uno haga un comentario sobre qué cosas les pareció que Nancy hizo y fueron efectivas, y si hay alguna observación que pueda complementar lo que Nancy dijo, los invito a que la hagan ahora. ¿A quién le gustaría empezar?

Illary: A mí me parece que fueron efectivas muchas cosas, Nancy. Me parece muy efectiva tu presencia, creando un contexto, un espacio seguro y cómodo para el coach y su cliente. Cuando abriste la sesión recordaste que se trataba de un espacio en el que ustedes estaban entrando, y dijiste que era un espacio de desarrollo, un espacio en el que no hay nada que estuvieran haciendo mal ni bien, y eso fue muy efectivo. Fuiste muy concreta cuando le preguntaste al coach cómo quería recibir el feedback. Eso me pareció que estuvo muy bien, y me gustó cómo le diste el feedback conforme a lo que Héctor te pidió. Fuiste muy específica al hablar sobre ciertas competencias, como, por ejemplo, el acuerdo de Coaching. Marcaste las preguntas adecuadas y diste ejemplos. Una de las cosas que hiciste… estoy pensando ahora en los marcadores… y que funcionó muy bien, pero te hubiera funcionado mucho más para poder dar el feedback de desarrollo, fue mirar las conductas. Por ejemplo, dijiste algo muy importante cuando hablaste de escucha activa. Dijiste exactamente: "También tomaste en cuenta las emociones de tu cliente". Este es un marcador que dice que la escucha activa es tal o cual cosa. Tienes la característica de crear cercanía y eso me parece muy positivo y un punto muy fuerte. Este es un espacio de aprendizaje para todos, también es un espacio de aprendizaje para el mentor coach y tú lograste aligerarlo, quitarle pesadez. ¿Qué hubiera hecho yo distinto? Para poder dar mejor feedback de desarrollo, que no está orientado a las cosas que uno piensa que pueden ser modificadas, sino también a lo que uno escuchó que sucedió en la sesión, sirven mucho los marcadores, porque permiten ir a cada una de las competencias y ver qué conductas podrían haberse desarrollado y no estuvieron presentes. Tengo una pregunta para ti que tal vez sea más que nada sobre lenguaje, porque la ICF habla del "quién" y no sé si es a eso a lo que se refirió Nancy. No sé si a todos les resuena lo mismo. Escuché: "Fuiste al ser, y hablaste del ser"; y no sé si hablar del ser es lo mismo que referirse al "quién".

Facilitador: Se puede hablar del "ser", se puede hablar del "quién", o de la identidad. Son diferentes maneras de decir lo mismo. Después, cada uno va a desarrollar su propio estilo y va a usar el vocabulario que elija. A mí me pareció apropiado cómo lo uso Nancy. Eso no significa, Illary, que puedas preferir hablar del "quién" o que alguno de ustedes pueda preferir hablar de la identidad. Cada uno puede utilizar su propio lenguaje. Lo que sí debemos hacer es mantener unificado el lenguaje de los marcadores para que haya consistencia.

Illary: En Latinoamérica, por la influencia del Coaching ontológico, tiende a considerarse que se va por un camino particular y se enfoca en "quién" es el cliente.

Lilín: Tengo una pregunta, Damián. Hay sesiones de Coaching en las que no se reflejan todas las competencias, y no necesariamente es porque el coach no las conozca ni las tenga incorporadas, sino por cuestiones referidas a la sesión en sí, por el tiempo, o por lo que sucede. Muchas veces el cliente habla más, y entonces no pueden ser aplicadas todas las competencias validadas por la ICF. ¿Qué se hace en esos casos?

Facilitador: Estamos evaluando al coach y no al cliente. Entonces, si el coach hizo las preguntas sobre el "quién" y el cliente no las respondió, no se puede evaluar al coach por lo que el cliente está o no está dispuesto a hacer en determinado momento. Lo que nosotros, como mentor coaches, tenemos que evaluar es si el coach pregunta y explora las inquietudes del cliente. Por ejemplo, si el coach preguntó por las emociones del cliente, si preguntó por la identidad. Lo que también hay que ver es si el coach volvió a preguntar, porque a veces hay quienes preguntan y, si el cliente se va por las ramas, olvidan la pregunta que hicieron, que tal vez era una pregunta poderosa, y se pierden una oportunidad de exploración por no dar seguimiento.

Distinto es lo que sucede cuando el coach vuelve a preguntar, y el cliente no está dispuesto a hacer un trabajo de profundidad. Lo importante es evaluar si el coach hizo las preguntas. Lo mismo ocurre con el diseño de acciones. El coach puede preguntarle al cliente qué le gustaría hacer como resultado de su aprendizaje; y el cliente puede decir que no está listo, que necesita pensar en todo lo que se habló durante la sesión y no necesita tomar acciones en ese momento. No se puede forzar al cliente para que tome acciones solo porque así lo indica como requisito la ICF en su competencia número nueve: diseñar acciones. *(Risas)*. Hay que ver dónde está parado el cliente. Uno tiene que hacer la pregunta y ustedes, como mentor coaches, tienen que dar feedback al coach basándose en lo que hizo y lo que no hizo. Los marcadores dan una orientación, una guía, muestran comportamientos específicos. Como estamos hablando de una instancia formativa, sugiero que les digan a los coaches si están en un nivel PCC o no, para que sepan si van a aprobar el programa cuando se trata de formaciones de Coaching que siguen los requisitos de la ICF. Los coaches necesitan saber dónde están parados para considerar qué pasos dar para llegar a conseguir la credencial que están buscando obtener. Recuerden siempre que ustedes están entrenando coaches, y es fundamental que ellos sepan si su desempeño en la sesión es de PCC o no, y qué les falta para alcanzar su objetivo. Esto que acabo de explicar tiene que estar en el Mentor Coaching de desarrollo, repito, para que los coaches sepan en qué nivel están.

Lilín: Uno de los aprendizajes que me voy a llevar de ti para mi Mentor Coaching es acerca de la importancia de elaborar un inicio que evoque y también que invite a conformar un espacio de aprendizaje. También me pareció sumamente efectivo que se inicie el feedback preguntándole al coach cómo quiere recibir la devolución. Encuentro en ti muchos detalles que han sido valiosos para el coach. Esa capacidad de recoger aprendizajes y de ponerlos como ejemplo. Me habría gustado mucho escucharte, tal vez, darle feedback al coach respecto a las preguntas que hace con el "nosotros". Aparecen preguntas así, y de pronto esto podría abrir un espacio de mejora muy valioso para Héctor. Hablo de que sea el cliente el que se haga cargo, y que no se incluya el coach en esa situación. Muchísimas gracias, Nancy, y gracias a todos.

María: Me ha encantado la introducción que has hecho y la pregunta que le hiciste al coach sobre cómo quería recibir el feedback. Hay una cosa especial que tienes, Nancy. Sobre el inicio te has reído, y eso contribuyó mucho a crear un buen clima; y tienes una forma de hablar muy liviana, que hace sentir muy cómodo al coach. A la vez, eres muy eficiente. Me da la sensación de que al hablar eres muy accesible, muy cercana. Y no sé si tiene que ver con tu risa del principio o con alguna otra cosa menos evidente, pero a mí me ha gustado. En un momento me dio la sensación de que no has escuchado alguna respuesta del coach. O sea, me ha encantado cuando le has dicho: "¿Cómo te gustaría que te dé el feedback?"; pero luego has dicho: "¿Te parece bien si también comparto contigo cuáles preguntas me parecieron poderosas?". En ese momento me dio la sensación de que ya tenías el plan delineado, que la introducción que tenías preparada sobre el tema de las preguntas poderosas ya tenía su sitio. Yo atendería a eso. Y luego, por añadir algo, has puesto ejemplos muy buenos. Me pareció efectiva la pregunta sobre qué quería decir la inclusión del término "la exigencia".

Me ha faltado hacer mención a tu trabajo con las metáforas. Has recogido perfectamente la metáfora que se ha utilizado: "estoy gateando". Con respecto a cuando se dice "Héctor tiene una mirada que…", yo me dije: "Si este feedback se recibiera solo por la escucha, se perdería mucho, porque Héctor transmitía muchísima confianza con la mirada". Con respecto a la competencia de diseño de acciones: has conseguido que Vivi hablara de acciones, pero no has recogido el feedback. De todos modos, creo que hay que reconocer que has sido muy efectivo, Héctor, porque la sesión tuvo de todo. Todas las veces que hemos dado feedback he advertido que se le pregunta primero al coach cómo está, y después se le pregunta al cliente, y me parece que convendría preguntárselo primero al cliente. No sé si esto es relevante, pero siempre creo que estoy al servicio del cliente, y entonces me da la sensación de que primero tengo que preguntarle al cliente cómo está, y luego preguntárselo al coach.

Facilitador: Estamos al servicio del cliente, pero en realidad el cliente no es el foco en este caso. Para que todos aprendan y desarrollen sus habilidades en la certificación de Mentor Coaching debemos enfocarnos en el coach. Estamos al servicio de los dos y del proceso de aprendizaje y formación de Mentor Coaching. Hay ventajas y desventajas de que sea el cliente quien comparta primero. Si el cliente es el primero que habla y se da cuenta de qué aprendizaje tuvo durante la conversación, cuando le toca al coach compartir su propio autoanálisis hace más foco en esos comentarios e incluye lo que el cliente dijo de su aprendizaje, cuando tiene que hablar de sí mismo. En síntesis, puede ser

167

de mayor utilidad para el coach escuchar primero cuál fue el aprendizaje del cliente.

Illary: En el contexto en que estamos, el feedback es para el coach. La mirada está puesta en darle feedback al coach. A mí me gusta preguntarle al coach primero. Es que es bueno conocer su primera impresión, saber cuáles fueron los puntos ciegos que cree que tuvo; y después escuchar al cliente. Este me parece un procedimiento valioso.

Facilitador: Lo podemos ver de diferentes maneras. Tal vez, al escuchar al cliente, pueda darse que el coach modifique sus juicios, pero esto es también parte del aprendizaje, que abarca la capacidad de aprender no solo de lo que pasó en la sesión, sino también de lo que el cliente pueda decir acerca de lo que le pasó. Hay que utilizar esto también para aprender.

Cliente: Solamente quería agregar algo. Nancy, me pareció muy efectivo tu trabajo, y coincido con todo lo que te dijeron. Agregaría unas cosas para el área de desarrollo que tienen que ver con qué harías distinto. Ya que estamos reflexionando sobre nuestro rol, quiero aportar que muchas veces, cuando escucho o evalúo a alumnos de Coaching, dependiendo de cómo haya sido la conversación le pregunto primero al coach o al cliente. Me dejo guiar mucho por la intuición. Esto tiene que ver con algo que dice una canción del uruguayo Jorge Drexler: "El don de fluir". Por ejemplo, si el cliente quedó medio *shockeado*, le pregunto cómo está. "¿Quieres respirar?", le digo; "¿necesitas relajar el cuerpo?". En cuanto a Nancy, me encantó tu trabajo. Tienes ese don de fluir, porque tienes la liviandad necesaria, que no todo el mundo posee, y esto hace sentir bien a la gente desde el primer momento. Yo no sé si fue una carcajada lo que soltaste, si fue una risa o si es tu forma de hablar, así, tan *polite*, lo que hace sentir muy bien a la gente. Es un don. Lo que *natura non da, salamanca non presta*, ¿no? Solamente, para trabajar, como área de mejora, quedó la parte en la que encaraste las acciones. Nada más.

Facilitador: Muchas gracias, Vivi. Tenemos que terminar. Creo que los mensajes son consistentes, Nancy. Es claro lo que están diciendo. A mí me parece que hiciste un trabajo efectivo. Lo que te están diciendo todos tus compañeros habla de quién eres tú. Es interesante, porque se aprecia un proceso paralelo. Cuando estamos trabajando con el cliente, nos enfocamos en quién es el cliente. Cuando trabajamos con el coach, buscamos descubrir quién es el coach durante la sesión de Coaching. Ahora queremos saber quiénes son ustedes como mentor coaches. ¿Van viendo cómo se establece un paralelo? ¿Cómo vamos trabajando en el "quién" a diferentes niveles? El trabajo consiste en saber quién es cada uno como mentor coach. Si es alguien abierto al aprendizaje, por ejemplo, y que crea un espacio de aprendizaje. Desde la parte técnica, lo importante es enfocarse en qué comportamientos de cada competencia están presentes y cuáles no. Detectar qué es lo que faltó. Y cuanta más experiencia se tenga, más fácil va a ser identificar lo que está y lo que no está. En función de eso se trabaja y en función de eso cada uno puede ver si tiene algo para agregar. Para Héctor, ya no estamos hablando de PCC, sino que estamos hablando de MCC. A nivel de PCC aparecen todos los marcadores; pero, ¿qué es lo que Héctor necesita para pasar a su próximo nivel, en este caso, a MCC? En esta pregunta hay una oportunidad de desarrollo para Héctor. Se trata de buscar qué es lo próximo que deberá hacer, y para eso es útil revisar los marcadores correspondientes en la tabla que compara los comportamientos de ACC, PCC y MCC *(ver Apéndice 2)*. ¡Muchas gracias a todos!

Análisis del proceso y reflexiones posteriores

Acuerdo de Mentor Coaching

La mentor coach creó un contexto favorable para el transcurso de la sesión al definir pautas y marcar que se estaba en un espacio de aprendizaje, donde no había nada que se pudiese hacer que fuera malo o bueno, sino que todas eran oportunidades para crecer profesionalmente.

Al finalizar la sesión, la mentor coach le preguntó primero al coach y luego a la clienta cómo se habían sentido. Preguntarle primero al coach fue una decisión que permitió escuchar su autoevaluación sin que se vea influenciado por los comentarios de la clienta. Actualmente, preferimos empezar con los comentarios del cliente para poder integrarlos a la autoevaluación que hace el coach. Cuando el cliente explica qué fue lo que aprendió en la sesión, podemos tener mayor claridad sobre cómo fue su proceso de aprendizaje.

En el momento de crear contexto para la sesión, la mentor coach le preguntó al coach cómo le gustaría recibir feedback, a lo que el coach respondió "competencia por competencia". Siguiendo el pedido del coach, la mentor coach compartió primero las preguntas poderosas que escuchó y luego hizo comentarios sobre las demás competencias.

Desarrollo de la relación entre la mentor coach - coach

La mentor coach demostró confianza en sí misma, en el coach y en el proceso. Al final de la sesión expresó su agradecimiento tanto a la cliente como al coach por la vulnerabilidad que ambos se animaron a mostrar, y por permitir que todo el grupo aprendiera de ellos.

Cuando la cliente dio feedback alentador al coach y compartió cómo se sintió durante la sesión, la mentor coach validó esos sentimientos diciendo que ella también lo vivenció de esa manera. Esto demuestra la capacidad de la mentor coach para modelar con su propia vulnerabilidad.

Vemos en el caso analizado que la mentor coach estuvo "presente" y fluyó con el coach. Con su tono de voz cordial y amigable creó confianza y fomentó un vínculo de igualdad entre colegas. Además, le marcó al coach comportamientos que observó durante la sesión y que fueron muy efectivos para ayudar a su cliente a mirar en su interior. Respetó y valoró el trabajo del coach y exploró eficientemente sus éxitos y sus áreas con posibilidades de mejora.

Lo que podría haber elevado el nivel del trabajo de la mentor coach hubiera sido establecer un diálogo, alentando al coach a expresar sus ideas, en vez de hacer un monólogo.

Escucha

En esta sesión, la mentor coach capta lo que se dice y lo que no se dice (el lenguaje corporal del coach y su mirada). Hace una devolución que muestra esta captación durante los primeros minutos del Mentor Coaching:

> "… Hay algo en tu presencia… y en tu mirada… como que me estuvieras viendo… a mí directamente. Es una sensación que es muy especial, muy linda. Yo siento como que sientes conmigo, así que me imagino que para Vivi *(clienta)* ha tenido que ser muy poderoso…".

Podemos afirmar, entonces, que la mentor coach fue muy efectiva en su escucha y en su registro de lo escuchado, y le dio en su feedback información específica al coach. Fue eficaz al indicar el nivel demostrado durante la sesión:

> "… definitivamente, nivel PCC".

Mostró expectativas positivas sobre el desempeño del coach, destacó que escuchó indicadores de fortalezas y de oportunidades de aprendizaje y las ejemplificó con comportamientos observados y no observados, demostrando así que había escuchado globalmente y en detalle.

Feedback

La mentor coach creó un contexto favorable para dar feedback, y para el aprendizaje del coach:

> "¿Te gustaría que te comente mis impresiones en general, o prefieres que vaya competencia por competencia?".

Así intentó entender cuál es la forma preferida de aprender del coach, creando un espacio de apertura. Su modo de expresarse, cálido y amigable, generó un espacio de confianza para que el coach estuviese abierto a escuchar las observaciones y el feedback sobre sus fortalezas, sus brechas de aprendizaje y sus puntos con posibilidad de mejora.

Sobre la base descripta, la entrega de feedback se hizo de forma apreciativa y cuidadosa. El feedback se ofreció de manera específica, muy precisa, teniendo en cuenta cada uno de los comportamientos observados, con ejemplos concretos que la mentor coach tenía anotados y con sus impresiones acerca de los efectos de estas conductas sobre la clienta.

En un par de oportunidades, la mentor coach ofreció feedback que contenía opiniones y no se limitaba a describir comportamientos observados.

Por ejemplo:

> "Hay algo en tu forma de ser y en tu mirada que hablan de que estás muy presente. Yo, cuando miro a todos los compañeros y después te miro a ti, siento como si me estuvieras mirando a mí directamente. Es una sensación que es muy especial, muy linda. Siento que sientes conmigo... Estoy hablando de tu forma natural de crear confianza e intimidad con tu cliente. Eso me parece que te sale naturalmente, que es un don y un regalo para los demás, para todos nosotros".

Es conveniente que los mentor coaches no hagan juicios de este tipo, aunque sean favorables.

Una oportunidad de aprendizaje para la mentor coach está en ofrecer feedback correctivo. Todo el feedback que ofreció fue alentador Esto es importante, porque incide sobre las posibilidades de aprovechar mejor el Mentor Coaching.

Aplicación del Modelo de Competencias Clave de la ICF

La mentor coach demostró que conocía en profundidad las competencias de Coaching.

Aunque haya definido los comportamientos del coach como de nivel PCC, habría sido más efectiva si hubiese dado feedback sobre los aspectos a mejorar para alcanzar el nivel siguiente: MCC. El punto con oportunidad de mejora estaría, en este caso, en mostrar la brecha entre el desempeño en cada competencia y el próximo nivel.

Gestión del aprendizaje

Además de brindar una oportunidad para la concreción efectiva del proceso de aprendizaje, abriendo el espacio para que el coach eligiera en qué deseaba recibir feedback, la mentor coach dio ejemplos puntuales.

Fue, además, efectiva al crear oportunidades de aprendizaje para el coach. Al respecto, la participante Lilín le devolvió:

> "… Encuentro en ti muchos detalles que han sido valiosos para el coach. Esa capacidad de recoger aprendizajes y de ponerlos como ejemplo…".

A su turno, la participante Illary destacó que la mentor coach tuvo en cuenta la integración de la emociones al proceso de aprendizaje.

La mentor coach, además, reconoció y celebró el progreso del coach durante la sesión.

Autorreflexión

La mentor coach se mostró abierta a los comentarios del facilitador, como también a los de los demás participantes de la certificación; fue consciente de sus reacciones emocionales y estuvo abierta al aprendizaje. También es destacable que estableció y sostuvo relaciones fluidas con todos los integrantes del grupo, y esto propició un buen intercambio de experiencias con sus colegas.

Parte 3

Documentos y recursos para mentor coaches

PROCEDIMIENTOS AVALADOS POR LA INTERNATIONAL COACH FEDERATION PARA MENTOR COACHES

Mentor Coaching para el desarrollo continuo del coach

El Mentor Coaching, de acuerdo con los parámetros corrientes de la ICF, puede darse en cuatro contextos diferentes:

- Entrenamiento inicial.
- Renovación de credenciales.
- Aplicación a credenciales.
- Mejora continua.

Entrenamiento inicial

El Mentor Coaching es una parte importante del entrenamiento profesional del coach. Los programas de Coaching profesional aprobados por la ICF, que llevan por nombre *Approved Coaching Training Program* (ACTP), actualmente requieren que los coaches en formación reciban por lo menos diez horas de Mentor Coaching, aunque estos requisitos evolucionan, por lo que recomendamos visitar la página de la ICF (www.coachfederation.org) para conocer las novedades al respecto.

La práctica de Coaching observada y el feedback obtenido es clave en el proceso de aprendizaje. No solo es importante que los coaches aprendan teorías y modelos que les permitan ser efectivos en su trabajo, sino también que reciban retroalimentación de su desempeño, para poder reconocer sus fortalezas y sus debilidades y trabajar sobre ellas. La ICF reconoce la importancia de este elemento y lo requiere como obligatorio en sus programas, que fijan altos estándares profesionales para el desarrollo de coaches en todo el mundo.

Renovación de credenciales

El Mentor Coaching permite identificar qué competencias de Coaching están presentes o ausentes en la práctica del profesional. Esta información es importante para seguir consolidando la formación inicial del coach. Los coaches que obtienen su credencial inicial de ACC deben acumular una cantidad de horas que les permitan aplicar al siguiente nivel de certificación: PCC. Si en tres años no pueden alcanzar la cantidad de horas de experiencia requeridas, el Mentor Coaching es obligatorio para renovar la credencial. Esto asegura que el coach, aunque no haya alcanzado la suficiente cantidad de horas como para obtener su PCC, pueda considerar el Modelo de Competencias que avala la ICF y recibir feedback sobre su aplicación.

Aplicación a credenciales

En el año 2000, un equipo de directores de programas de Coaching desarrolló un Modelo de Competencias que asegura que los coaches, más allá del lugar del mundo en el que se encuentren o de su formación previa, puedan exhibir desempeños estandarizados.

El nivel de desempeño que se alcanza en cada una de estas competencias está íntimamente vinculado a la cantidad de horas de entrenamiento y de práctica profesional. Por esa razón, la ICF decidió incluir como requisito obligatorio el Mentor Coaching para la aplicación a la credencial de MCC. El objetivo es asegurarse de que quien esté interesado en obtener su MCC tenga claras las expectativas mínimas requeridas.

Mejora continua

Otra razón por la que muchos profesionales recurren al Mentor Coaching es la oportunidad de seguir aprendiendo y desarrollándose.

Recibir feedback permite seguir creciendo, al reconocer fortalezas y debilidades. Por lo tanto, participar en un proceso de Mentor Coaching no se debe pensar solamente como un requisito para renovar o conseguir una credencial, sino también como una oportunidad de desarrollo continuo. La ICF incluye el Mentor Coaching entre las horas para Centros Comunitarios de Extensión Universitaria (CCEU) necesarias para renovar las credenciales PCC y MCC.

El Coaching profesional requiere de personas comprometidas con el crecimiento y el éxito, y el Mentor Coaching es una práctica que tiene como objetivo asegurar que los coaches desempeñen su trabajo siguiendo estándares profesionales globales.

TABLA COMPARATIVA DE COMPETENCIAS FUNDAMENTALES AVALADAS POR LA INTERNATIONAL COACH FEDERATION

La tabla que publicamos a continuación fue elaborada teniendo en cuenta los requerimientos mínimos para cada nivel de acreditación: ACC, PCC y MCC.

Los textos en cursiva y negrita se refieren a las conductas que impiden la aprobación de exámenes.

Esta sección es una traducción del documento publicado por la ICF en su webiste. Para mayor información, el lector puede recurrir a www.coachfederation.org.

COMPETENCIA	Nivel ACC	Nivel PCC	Nivel MCC
1. Ética y deontología *El candidato NO aprobará esta competencia si:* • *Se centra principalmente en decirle al cliente lo que debe hacer o cómo debe hacerlo (Consultoría).* • *La conversación se basa principalmente en el pasado, especialmente en el pasado emocional (Psicoterapia).* • *No explora o evoca con claridad los principios básicos de la definición de Coaching que da la ICF. La falta de claridad en el uso de capacidades se reflejará en el nivel de capacidad demostrado en algunas de las competencias que se enumeran a continuación. Por ejemplo, si un coach casi siempre aconseja o indica que el cliente debe seguir una indicación del coach, se omitirán los apartados de confianza e intimidad, presencia del coach, cuestionar con fuerza, crear conciencia y acciones y responsabilidad generadas por el cliente, y se denegarán todos los niveles de acreditación.*	• No se valora directamente durante el examen oral. Véase la primera columna.	• No se valora directamente durante el examen oral. Véase la primera columna.	• No se valora directamente durante el examen oral. Véase la primera columna.

182

COMPETENCIA	Nivel ACC	Nivel PCC	Nivel MCC
2. Establecer el acuerdo de Coaching. Capacidad de comprender lo que requiere la interacción concreta de Coaching y de alcanzar un acuerdo con el cliente, nuevo o potencial, sobre el proceso y la relación de Coaching. • Establecer inicialmente las "reglas del acuerdo". • Establecer el acuerdo para la sesión actual. ¿En qué quiere centrarse hoy el cliente? ¿Qué dará más valor a los próximos 30 minutos? Establecer un enfoque.	• El coach trata superficialmente lo que el cliente dice que quiere hacer. • Se limita al orden del día sin profundizar.	• El coach se centra en lo que el cliente dice que quiere hacer. • Se ciñe al orden del día con cierta profundidad para poder medir el éxito en cada tema de la sesión.	• El coach profundiza en los objetivos del cliente para la sesión, establece medidas de éxito para el cliente durante la sesión y se asegura de que tanto el cliente como el coach conozcan con claridad el objetivo de Coaching. • El coach comprueba periódicamente si el enfoque de Coaching sigue siendo válido para los objetivos del cliente, y si es necesario introduce cambios de enfoque en función de la información facilitada por el cliente.
El candidato NO aprobará si:	• *Elige el tema por el cliente.* • *No se centra en el tema elegido por el cliente.*	• *Elige los temas por el cliente.* • *No se centra en los temas elegidos por el cliente.* • *No profundiza en las medidas del éxito de cada tema con el cliente o define las medidas por el cliente.* • *No profundiza en los problemas ocultos que impiden la consecución de resultados o del orden del día o no comprueba con el cliente si este logra avanzar hacia los objetivos que se había marcado para la sesión.*	• *No demuestra una auténtica relación de colaboración.* • *Elige los temas por el cliente.* • *No se centra en los temas elegidos por el cliente.* • *No explora con el cliente las medidas de éxito de cada tema hasta determinar con claridad la intención o el enfoque del cliente para la sesión.*

COMPETENCIA	Nivel ACC	Nivel PCC	Nivel MCC
3. Establecer confianza e intimidad con el cliente. Capacidad de crear un entorno seguro y de apoyo que genere confianza y respeto mutuos durante todo el proceso. • Establecer por adelantado una base sólida que permita la colaboración con el cliente. Establecer expectativas para una relación abierta y franca. Demostrar integridad, confidencialidad, respeto y apoyo. Mantener una "opinión incondicionalmente positiva" sobre el cliente.	• El coach sigue el orden del día del cliente, pero está obcecado con su propio rendimiento, por lo que la competencia de confianza e intimidad no es la más fuerte.	• El coach puede tener cierto grado de confianza en el cliente y de conexión con el mismo. • El coach se preocupa por ofrecer una imagen de "buen coach", por lo que asume menos riesgos o no sabe lo que dificulta construir una relación de completa confianza e intimidad consigo mismo, con el cliente y con el proceso de Coaching.	• El coach desea alcanzar la confianza total mediante un estado nuevo y mutuo de conciencia que solo puede surgir en el momento y a través de la conversación. • El coach se siente cómodo aunque no sea consciente de ello, y reconoce este estado como uno de los mejores para expandir la conciencia. • El coach se muestra vulnerable frente al cliente y consigue que el cliente sea vulnerable con él. • El coach confía en sí mismo, el proceso y el cliente como colaborador completo en la relación. • El coach tiene sentido de fluidez y naturalidad totales durante la conversación; y no necesita esforzarse para hacer su trabajo.
El candidato NO aprobará si:	*• Muestra más interés por su propia visión de la situación que por la visión del cliente.* *• No intenta obtener información del cliente sobre su visión de la situación.* *• No intenta obtener información del cliente*	*• Muestra más interés por su propia visión de la situación que por la visión del cliente.* *• No intenta obtener información del cliente sobre su visión de la situación.* *• No intenta obtener información del cliente*	*• No trata al cliente como un colaborador completo y, además de elegir el orden del día, participa en la creación del propio proceso de Coaching.* *• Muestra más interés por su propia visión de la situación que*

COMPETENCIA	Nivel ACC	Nivel PCC	Nivel MCC
	sobre sus objetivos con relación a la situación. • *Su atención parece centrarse en el propio rendimiento o en demostrar conocimientos sobre la materia.*	*sobre sus objetivos con relación a la situación.* • *Su atención parece centrarse en el propio rendimiento o en demostrar conocimientos sobre la materia.* • *No invita al cliente a compartir sus ideas sobre una base de igualdad.*	*por la visión del cliente.* • *No intenta obtener información del cliente sobre su visión de la situación.* • *No intenta obtener información del cliente sobre sus objetivos con relación a la situación o parece centrarse en su propio rendimiento o en demostrar conocimientos sobre la materia.* • *No invita al cliente a compartir sus ideas sobre una base de igualdad y/o elige el enfoque y las herramientas de la sesión sin contar con la opinión del cliente.* • *Intenta enseñar en lugar de hacer Coaching.*
4. Presencia del coach. Capacidad de ser plenamente consciente y de crear una relación espontánea con el cliente utilizando un estilo abierto, flexible y seguro. • Estar plenamente presente y ser flexible con el cliente, "vivir el momento". • Ser curioso, confiar en el propio instinto, experimentar el uso del humor.	• El coach sigue el orden del día del cliente pero está obcecado con su propio rendimiento, lo que atenúa la presencia. • El coach sustituye con frecuencia la presencia y la receptividad por el razonamiento y el análisis.	• El coach sigue el orden del día del cliente, pero dirige el Coaching y elige las herramientas. • El coach opta por una perspectiva objetiva o subjetiva, pero no mantiene las dos a la vez. • El coach demuestra la necesidad de dirigirse hacia la solución en lugar de limitarse a vivir el momento con el cliente. • El coach elige formas de avanzar en lugar de dejar	• El coach es un observador totalmente adaptado al cliente. • La conexión con el cliente abarca su identidad, su forma de aprender y lo que el cliente tiene que enseñar al coach. • El coach es sensible al cliente y agradece las señales que afectan a ambos. • El coach demuestra una curiosidad total sin necesidad de destacar. • El coach entabla una conversación

COMPETENCIA	Nivel ACC	Nivel PCC	Nivel MCC
		que el cliente se las indique. • Existe colaboración, pero el coach se considera experto y superior al cliente. • La presencia del coach determina el valor añadido para el cliente.	plena con el cliente. • El coach confía en el valor inherente del proceso en lugar de sentir la necesidad de crear valor.
El candidato NO aprobará si:	• *Muestra más interés por su propia visión de la situación que por profundizar en la visión del cliente.* • *No intenta obtener información del cliente sobre su visión de la situación.* • *Es indiferente a esta información.* • *No intenta obtener información del cliente sobre sus objetivos con relación a la situación.* • *Es indiferente a esa información.* • *Su atención parece centrarse en el propio rendimiento o en demostrar conocimientos sobre la materia.*	• *Muestra más interés por su propia visión de la situación que por la visión del cliente.* • *No intenta obtener información del cliente sobre su visión de la situación o es indiferente a esa información.* • *No intenta obtener información sobre los objetivos del cliente con relación a la situación o es indiferente a esa información.* • *Su atención parece centrarse en el propio rendimiento o en demostrar conocimientos sobre la materia.* • *En lugar de estar presente y ser receptivo al cliente, confía demasiado en una fórmula concreta de Coaching, en una herramienta o en preguntas estándar.* • *No permite que el cliente contribuya a crear el método de evolución de la sesión de Coaching.*	• *No trata al cliente como un colaborador completo y, además de elegir el orden del día, participa en la creación del propio proceso de Coaching.* • *Muestra más interés por su propia visión de la situación que por la visión del cliente.* • *No intenta obtener información del cliente sobre su visión de la situación.* • *No intenta obtener información del cliente sobre sus objetivos con relación a la situación o parece centrarse en su propio rendimiento o en demostrar conocimientos sobre la materia.* • *No invita al cliente a compartir sus ideas sobre una base de igualdad y/o elige el enfoque y las herramientas de la sesión sin contar con la opinión del cliente.* • *Intenta enseñar en lugar de hacer Coaching.*

COMPETENCIA	Nivel ACC	Nivel PCC	Nivel MCC
			• *No permite que el cliente lo ayude a desarrollar herramientas de Coaching y prefiere utilizar las fórmulas, herramientas o preguntas estándar.*
5. Escucha activa. Capacidad de centrarse completamente en lo que dice y lo que no dice el cliente, de comprender el significado de sus palabras en su contexto y de ayudar al cliente a expresarse. • Escuchar sin un plan prefijado, distinguir entre las palabras, el tono, la voz y el lenguaje corporal. (Escucha de nivel 2 y nivel 3). • Comprende la esencia de la comunicación del cliente. Ayuda al cliente a obtener una visión más clara y mayor perspectiva en lugar de involucrarse en su caso.	• El coach escucha lo que dice el cliente y responde, aunque de forma superficial. • Por lo general, el coach se centra en determinar cuál es el problema, en cómo puede ayudar a resolverlo y en cómo aportar valor resolviéndolo.	• El coach escucha con un alto nivel de conciencia. • El coach escucha centrándose en el orden del día del cliente y puede cambiar de orientación si el cliente lo hace. • El coach determina si el cambio de orientación es o no es la mejor solución para el asunto tratado. • El coach se centra en lo que dice el cliente, pero más bien desde la perspectiva de recopilar información que encaje en la herramienta o el modelo de descubrimiento concreto del coach. • El coach tiende a escuchar de forma más lineal y se concentra en el contenido de las palabras. • El coach escucha en busca de respuestas, de la siguiente pregunta o de qué	• El coach escucha en perfecta sintonía aprendiendo con facilidad, y lo hace simultáneamente a nivel lógico, emocional y orgánico. • El coach escucha de forma tanto lineal como no lineal, y sus respuestas demuestran que aprende sobre el cliente a muchos niveles. • El coach reconoce, tanto en sí mismo como en el cliente, la capacidad de percepción energética intuitiva que se siente cuando el cliente habla de cosas importantes, cuando experimenta un crecimiento y cuando encuentra mayor sensación de poder en sí mismo. • El coach escucha el presente, pero también el desarrollo futuro del cliente. • El coach escucha al cliente en toda su grandeza y talento,

COMPETENCIA	Nivel ACC	Nivel PCC	Nivel MCC
		hacer con lo que ha escuchado e intenta encajarlo en un modelo que comprenda. • Tenderá a responder según su modelo más que considerando el modelo del cliente. • El coach escucha con cierta profundidad, pero omite con frecuencia los matices fundamentales que captaría un coach de nivel máster. • El coach tiende a escuchar sesión por sesión en lugar de hacerlo de forma acumulativa.	pero también percibe las creencias y patrones que lo limitan. • El coach escucha de manera acumulativa de una sesión a otra y en cada sesión individual.
El candidato NO aprobará si:	• *No demuestra escuchar atentamente ni responder a lo que dice el cliente.* • *Su respuesta no guarda relación con lo que el cliente intenta conseguir.* • *Parece limitarse a escuchar esperando el momento propicio para demostrar sus conocimientos en la materia o decirle al cliente lo que debe hacer.*	• *No demuestra escuchar atentamente ni responder a lo que dice el cliente.* • *Su respuesta del coach no guarda relación con lo que el cliente intenta conseguir.* • *Se limita a escuchar en busca de problemas o puntos débiles.* • *Parece limitarse a escuchar esperando el momento propicio para demostrar sus conocimientos en la materia o decirle al cliente lo que debe hacer.* • *Demuestra que solo puede escuchar a través de sus propias percepciones y modelos de razonamiento,*	• *No demuestra escuchar considerando al cliente en su conjunto, ni percibir sus razonamientos, aprendizajes y sensaciones a distintos niveles.* • *Escucha filtrando la información según sus propios métodos de razonamiento, aprendizaje y creación.* • *No escucha activamente ni utiliza como una herramienta de Coaching importante los métodos de razonamiento, aprendizaje y creación del cliente.* • *Los matices del lenguaje del cliente no se reflejan en las*

COMPETENCIA	Nivel ACC	Nivel PCC	Nivel MCC
		aprendizaje y creación en lugar de percibir y valorar los modelos y métodos del cliente.	*respuestas del coach.* • *No escucha centrándose en lo que dice el cliente, o sus respuestas no guardan relación con los objetivos del cliente, o se limita a escuchar en busca de problemas o puntos débiles.* • *Parece limitarse a escuchar esperando el momento propicio para demostrar sus conocimientos en la materia o decirle al cliente lo que debe hacer.*
6. Cuestionar con fuerza. Capacidad de hacer preguntas que revelen la información necesaria para obtener el máximo beneficio para la relación de Coaching y para el cliente. Preguntas claras y directas que aportan una nueva perspectiva y hacen avanzar al cliente. Preguntas abiertas y concisas que utilizan "cómo" y "cuándo".	• Las preguntas siguen el orden del día del cliente, pero suelen buscar información concreta, responden a fórmulas preestablecidas y a veces conducen o tienen una "respuesta correcta" anticipada por el coach. • Por lo general, las preguntas están muy encaminadas a resolver el problema del cliente con la mayor rapidez posible.	• Las preguntas siguen el orden del día del cliente y, por lo general, van destinadas a obtener información y cuestionar con fuerza. • Las preguntas que cuestionan con fuerza tienden a buscar una solución al problema presentado por el cliente y pueden responder más al orden del día que al cliente. • Las preguntas tienden a utilizar la terminología del Coaching o un lenguaje fácil para el coach en lugar de utilizar y explorar el lenguaje del cliente.	• El coach hace siempre o casi siempre preguntas directas y evocadoras que responden plenamente a las inquietudes actuales del cliente y que requieren que este piense profundamente o cambie su estado de razonamiento. • El coach utiliza el lenguaje y el estilo de aprendizaje del cliente para elaborar las preguntas. • El coach se basa totalmente en la curiosidad y no hace preguntas cuyas respuestas ya conoce. • Las preguntas suelen obligar al cliente a establecer un contacto más

COMPETENCIA	Nivel ACC	Nivel PCC	Nivel MCC
		• Ocasionalmente se formulan preguntas directrices. • El coach tiende a hacer preguntas con las que el cliente se sienta cómodo.	profundo con sus luces y sombras y a hallar el poder oculto en su interior. • El coach hace preguntas que ayudan al cliente a crear el futuro en lugar de centrarse en los dilemas del pasado o incluso del presente. • Al coach no le asustan las preguntas que hagan que él o el cliente se sientan incómodos.
El candidato NO aprobará si:	• *No se centra en una metodología de interrogación y recurre al discurso.* • *La mayoría de las preguntas contienen respuestas sugeridas.* • *Las preguntas siguen una agenda o asuntos no definidos por el cliente, sino por el coach.*	• *Hace preguntas que reflejan su visión de la situación o conducen a una respuesta preconcebida.* • *Las preguntas orientan al cliente hacia una dirección elegida por el coach sin la aprobación del cliente.* • *No consigue ir más allá de las preguntas estándar del Coaching o de sus modelos de razonamiento y aprendizaje, y excluye así los modelos de razonamiento y aprendizaje del cliente.*	• *No hace preguntas evocadoras y pide al cliente que piense en un espacio más amplio o en un espacio experimental relacionado con su orden del día y con sus objetivos.* • *Hace preguntas destinadas a obtener información o preguntas que mantienen al cliente en el pasado o el presente de una situación en lugar de hacerle pensar en el futuro.* • *Las preguntas no utilizan con frecuencia el lenguaje ni el estilo de razonamiento y creación del cliente o no hacen uso de lo que el coach ha aprendido sobre el cliente.* • *Las preguntas reflejan su propia visión de la situación y su*

COMPETENCIA	Nivel ACC	Nivel PCC	Nivel MCC
			estilo de aprendizaje y razonamiento, o conducen a una respuesta preconcebida. • *No consigue ir más allá de las preguntas estándar del Coaching o de un modelo estándar.*
7. Comunicación directa. Capacidad de comunicarse eficazmente durante las sesiones de Coaching y de utilizar el lenguaje que tenga el mayor efecto positivo sobre el cliente. • Ser claro, conciso y directo en las preguntas, observaciones y opiniones. • Percibir el lenguaje y su impacto en el cliente. Utilizar un lenguaje que ayude y respete al cliente. • Recurrir a su lenguaje y sus puntos de interés en las metáforas y analogías para facilitar el aprendizaje.	• En ocasiones, el coach es muy directo, pero utiliza con frecuencia demasiadas palabras o siente la necesidad de "disfrazar" una pregunta u observación. • Las preguntas y observaciones suelen contener vocabulario de la formación del coach. • La mayoría de la comunicación se produce a un nivel en el que el coach se siente muy seguro.	• Por lo general, el coach es directo, pero en ocasiones siente la necesidad de "disfrazar" una pregunta u observación. • En ocasiones, el coach considera que sus intuiciones son realidades. • En ocasiones, el coach no dice lo que piensa por temor a que el cliente no esté preparado para escucharlo. • El coach puede demostrar la necesidad de suavizar la comunicación por temor a equivocarse. • El coach tiende a utilizar el lenguaje del Coaching en lugar del lenguaje del cliente. • El coach tiene una base suficiente pero no amplia de recursos lingüísticos.	• El coach comparte con facilidad y libertad lo que considera importante, sin restricciones. • El coach comparte de forma directa y sencilla el lenguaje del cliente y lo utiliza con frecuencia. • El coach confía plenamente en que el cliente elegirá las respuestas que más le convengan. • El coach invita, respeta y celebra la comunicación directa del cliente. • El coach crea un espacio suficiente para que el cliente disfrute de una comunicación igual o mejor que la del coach. • El coach dispone de una amplia base de lenguaje y aprovecha el lenguaje del cliente para ampliarla.
El candidato NO aprobará si:	• *No sigue el orden del día del cliente, cambia*	• *Confía preponderantemente*	• *No invita plenamente al cliente a participar*

COMPETENCIA	Nivel ACC	Nivel PCC	Nivel MCC
	el orden del día sin contar con el cliente o está obcecado con un determinado resultado o una solución. • *La comunicación se produce de forma enrevesada, poco fluida o tortuosa.*	*en su propio lenguaje, su modelo de razonamiento y su modelo de aprendizaje, sin utilizar las aptitudes del cliente en estos campos.* • *No invita al cliente a compartir estos campos ni su intuición.* • *Está obcecado con una orientación o un resultado concreto del Coaching.*	*en el diálogo de Coaching al mismo nivel.* • *Su comunicación refleja un orden del día u otro tipo de orientación del coach.* • *Su comunicación no demuestra un uso frecuente del lenguaje del cliente ni de sus estilos de aprendizaje, razonamiento y creación.* • *Su comunicación no crea un espacio para que el cliente profundice sus procesos de razonamiento, aprendizaje y descubrimiento.* • *Su comunicación limita el razonamiento y el aprendizaje del cliente sin su interacción, debate ni aprobación.*
8. Crear conciencia. Capacidad de integrar y evaluar con precisión varias fuentes de información y de hacer interpretaciones que ayuden al cliente a ser consciente para obtener los resultados pactados. • Ir más allá del objetivo inmediato. Explorar para descubrir, ampliar miras, aprender y crecer con el cliente. • Identificar y reconocer los puntos fuertes.	• La conciencia se genera al nivel de lo que permite resolver el problema o alcanzar el objetivo. • Generalmente se encuentra limitada al conocimiento de nuevas técnicas más que de nuevos aprendizajes sobre uno mismo.	• El coach ayuda al cliente a crear una nueva conciencia participando en la solución del problema. • La mayor parte de la conciencia está orientada a una nueva técnica. Se limita la conciencia sobre la identidad del cliente. • Como resultado, el ámbito de la conciencia tiende a ser más definido. • Por lo general, el coach ayuda al	• La invitación del coach a la exploración precede a y es más importante que la invitación a la solución. • El coach explora con la misma intensidad que el cliente. • El coach no ha concluido lo que debe ser la conciencia (desea no saberlo). • Se estimula y favorece la grandeza del cliente. No se demuestra

COMPETENCIA	Nivel ACC	Nivel PCC	Nivel MCC
• Percibir las conexiones entre lo que se dice y lo que se hace.		cliente a integrar la nueva conciencia en el contexto de una situación concreta en lugar de enseñarle a ampliar el ámbito de la nueva conciencia.	la voluntad de "resolver" un problema. • El coach permite que el cliente sea consciente de su presencia y hace que la voz del cliente prevalezca sobre la suya. • Se produce una hermosa sensación de observación conjunta, que permite saber quién es el cliente y lo que quiere, y crear un espacio compartido. • El coach no fuerza la conciencia.
El candidato NO aprobará si:	*• No sigue el orden del día del cliente, cambia el orden del día sin contar con el cliente o está obcecado con un determinado resultado o con una solución.* *• Reduce significativamente la exploración de la conciencia a un problema único sin debatir la decisión con el cliente y sin su consentimiento.* *• Sustituye el cuestionar o investigar con fuerza por ejercicios o valoraciones de Coaching estándar.*	*• No sigue el orden del día del cliente, cambia el orden del día sin contar con el cliente o está obcecado con un determinado resultado o con una solución.* *• No utiliza las herramientas de razonamiento del cliente como elementos aptos para el Coaching, o no utiliza su lenguaje.* *• Desdeña las evaluaciones o los ejercicios estándar del Coaching y utiliza únicamente las herramientas que trae el cliente para crear conciencia.* *• Plantea lo que está en el consciente sin explorar junto al cliente; no busca*	*• Orienta al cliente hacia la solución sin profundizar totalmente en los problemas que pueden ser importantes para alcanzarla.* *• No invita ni permite que el cliente utilice plenamente las herramientas de Coaching, ni su intuición, su razonamiento y sus aprendizajes.* *• El diálogo no crea un espacio suficiente para que el cliente participe plenamente en la creación de conciencia.* *• Su comunicación refleja una agenda propia u otro tipo de orientación previa.* *• Su comunicación no contiene un uso frecuente del lenguaje*

COMPETENCIA	Nivel ACC	Nivel PCC	Nivel MCC
		obtener información de él acerca de si las observaciones que hace como coach son acertadas y no le da oportunidad para añadir sus propias observaciones.	*del cliente ni de sus estilos de aprendizaje, razonamiento y creación.* • *No crea un espacio para que el cliente profundice con facilidad en un proceso de razonamiento, aprendizaje y descubrimiento.* • *Su comunicación limita el razonamiento y el aprendizaje del cliente sin su interacción ni debate ni aprobación.*
9. Diseñar las acciones. Capacidad de crear oportunidades de aprendizaje continuo junto al cliente durante la sesión de Coaching y en el trabajo y la vida en general. • Trabajar con el cliente para diseñar acciones o actividades ("trabajo de campo") fuera de la sesión de Coaching, para continuar la exploración, mejorar la conciencia y el aprendizaje, y avanzar hacia el objetivo marcado. • El coach puede asignar inicialmente el trabajo de campo y cambiar progresivamente hacia el diseño	• El coach tiende a sugerir tareas y acciones que piensa que pueden resolver el problema para alcanzar el objetivo. • Las acciones tienden a ser de naturaleza unidimensional. • Capacidad de emprender nuevas acciones que conduzcan de la forma más eficaz a las metas pactadas del Coaching.	• El coach participa con el cliente en cierta medida, pero no de forma plena, para desarrollar las acciones. • Una vez más, las acciones están dirigidas a resolver la situación que el cliente ha presentado en lugar de analizar la situación para conseguir un aprendizaje más amplio que puede ser inherente a la situación. • El coach tiende a definir el avance en términos de acción física.	• El coach colabora plenamente con el cliente para diseñar las acciones o, alternativamente, deja que el cliente lidere el diseño. • El coach y el cliente diseñan acciones adaptadas a los objetivos del cliente, a su estilo de aprendizaje y a su ritmo. • El coach permite acciones que fomentan el razonamiento, la creación y la acción. • El coach impulsa al cliente a relacionar las acciones diseñadas con otros aspectos deseados por el cliente, ampliando así su ámbito de aprendizaje y crecimiento.

COMPETENCIA	Nivel ACC	Nivel PCC	Nivel MCC
junto con el cliente de las acciones necesarias para alcanzar los objetivos y mejorar el estilo de aprendizaje.			• El coach fomenta la experimentación informada para ayudar a los clientes a desarrollar acciones de mayor potencial y provecho.
El candidato NO aprobará si:	• *Insiste en que el cliente realice las tareas encomendadas.* • *Las tareas encomendadas no están claramente relacionadas con el orden del día del cliente.* • *Las tareas no tienen un objetivo claro ni potencial para hacer avanzar al cliente.* • *Las herramientas y estructuras recomendadas no guardan una relación clara con las necesidades del cliente o de su orden del día.*	• *El diseño de acciones conlleva poca o ninguna creación conjunta.* • *Las acciones no guardan una relación clara con el orden del día del cliente ni con su estilo de aprendizaje y creación.* • *Las acciones no tienen un objetivo claro ni potencial para hacer avanzar al cliente.* • *Las herramientas y estructuras recomendadas no guardan una relación clara con las necesidades del cliente o de su orden del día, o se imponen al cliente sin debate alguno.*	• *No fomenta la participación plena del cliente en el diseño de las actividades, o domina el proceso.* • *Las actividades diseñadas no reflejan un potencial claro de avance o aprendizaje para el cliente con relación a su orden del día, sus objetivos u otro aprendizaje que el cliente haya definido como necesario para su crecimiento.* • *Las acciones diseñadas y/o debatidas implican solo una actividad física y no contemplan las estructuras de razonamiento, aprendizaje, desempeño y creatividad del cliente.*
10. Planificar y definir los objetivos. Capacidad de desarrollar y mantener un plan eficaz de Coaching junto al cliente. • Colaborar con el cliente para desarrollar objetivos concretos, medibles, atractivos, realistas y con fecha límite.	• El coach tiende a asumir los objetivos propuestos por el cliente a su nivel más básico. • La planificación y la definición de objetivos tienden a ser de naturaleza unidimensional y, en ocasiones, el coach da más valor a su experiencia que a	• El coach participa en cierta medida, pero no de forma plena con el cliente, en el momento de desarrollar objetivos y planes. • Una vez más, las acciones están dirigidas a resolver la situación que el cliente ha presentado en lugar de analizar	• El coach trabaja con el cliente para aclarar y desarrollar objetivos que no se limitan a las preocupaciones traídas a la sesión. • El coach permite que el cliente dirija el diseño de objetivos y la planificación o, alternativamente, colabora plenamente con él para crear

COMPETENCIA	Nivel ACC	Nivel PCC	Nivel MCC
• Conocer el plan del cliente, su estilo de aprendizaje, ritmo y compromiso con el objetivo. • Identificar los éxitos importantes para el cliente.	las necesidades del cliente.	la situación para conseguir un aprendizaje más amplio que puede ser inherente a la situación. • El coach tiende a modificar los planes presentados por el cliente.	objetivos y planes. • El coach y el cliente crean objetivos y planes adaptados a los objetivos marcados durante la sesión, al estilo de aprendizaje de él y a su ritmo. • El coach permite la realización de planes que fomenten el razonamiento, la creación y la acción. • El coach impulsa al cliente a relacionar los objetivos y los planes con todos los aspectos planteados por él, ampliando así su ámbito de aprendizaje y de crecimiento.
El candidato NO aprobará si:	• *Insiste en que el cliente siga un plan predefinido que le resulte familiar.* • *No consigue ayudar al cliente a desarrollar un plan de Coaching eficaz.* • *El plan o los objetivos no guardan una relación clara con el orden del día del cliente o con los resultados que este busca.* • *El plan o los objetivos no están claros y no contribuyen a hacer avanzar al cliente.* • *Las herramientas y estructuras sugeridas no guardan una relación clara con las*	• *La colaboración en el proceso de creación de planes y objetivos es escasa o nula.* • *Es la voz preponderante a la hora de sugerir planes y objetivos.* • *No consigue ayudar al cliente a desarrollar un plan de Coaching eficaz.* • *El plan o los objetivos no guardan una relación clara con el orden del día del cliente o con los resultados que este busca ni con sus procesos de aprendizaje y creación.* • *El plan o los objetivos no están claros y no*	• *No invita al cliente a participar plenamente en la planificación de estrategias y el diseño de objetivos, o domina el proceso.* • *Los planes y objetivos no reflejan un potencial claro de avance o aprendizaje para el cliente con relación a su orden del día, sus objetivos u otro aprendizaje que haya quedado definido como necesario para su crecimiento.* • *Los planes, objetivos y/o debates implican solo una actividad física y no contemplan las estructuras de razonamiento,*

COMPETENCIA	Nivel ACC	Nivel PCC	Nivel MCC
	necesidades del cliente o de su orden del día.	*contribuyen a hacer avanzar al cliente.* • *Las herramientas y estructuras recomendadas no guardan una relación clara con las necesidades del cliente o de su orden del día.* • *Sugiere herramientas o ejercicios de Coaching estándar sin debatir con el cliente acerca de hasta qué punto pueden aportarle valor.*	*aprendizaje, desempeño y creatividad del cliente.*
11. Gestionar el progreso y la responsabilidad. Capacidad de mantener la atención en lo que es importante para el cliente y trasladar la responsabilidad de la acción a este. • Mantenerse centrado en lo que es importante para el cliente y mantener su responsabilidad.	• El coach tiende a sugerir formas de responsabilidad que pueden parecer paternalistas. • La responsabilidad tiende a ser unidimensional.	• El coach colabora en cierta medida con el cliente para desarrollar métodos de responsabilidad. • Los métodos suelen reflejar o utilizar las herramientas de formación del coach.	• El coach deja que el cliente determine sus propios métodos de responsabilidad y le aporta su ayuda. • El cliente ayuda a determinar o determina totalmente quién debe ser miembro de su equipo de responsabilidad y cómo se debe utilizar a cada persona, incluido el coach. • El coach confía en la responsabilidad del cliente y si no se produce el avance esperado lo invita amablemente a debatir.
El candidato NO aprobará si:	• *Insiste en que el cliente siga medidas y estructuras predefinidas que le son familiares.* • *No consigue ayudar al cliente a desarrollar un método efectivo para*	• *La colaboración para crear medidas de éxito y responsabilidad es escasa o nula.* • *Es la voz más importante a la hora de definir estructuras de responsabilidad* • *No consigue ayudar al*	• *No incita la participación plena del cliente o no le anima a liderar la planificación de estrategias y métodos de responsabilidad o domina de alguna forma los mecanismos*

COMPETENCIA	Nivel ACC	Nivel PCC	Nivel MCC
	gestionar y medir sus progresos. • *Las medidas y los métodos de responsabilidad no guardan una relación clara con el orden del día del cliente ni con los resultados que este busca.* • *Las medidas y los métodos de responsabilidad no tienen un objetivo claro ni potencial para hacer avanzar al cliente.* • *Las herramientas y estructuras recomendadas no guardan una relación clara con las necesidades del cliente o de su orden del día.*	*cliente a desarrollar una estructura eficaz de medidas y responsabilidad.* • *Las medidas y estructuras no guardan una relación clara con el orden del día del cliente o con los resultados que este busca ni con sus procesos de aprendizaje y creación.* • *El plan o los objetivos no tienen un propósito claro ni potencial para hacer avanzar al cliente.* • *Las herramientas y estructuras recomendadas no guardan una relación clara con las necesidades del cliente o de su orden del día.* • *Sugiere herramientas o ejercicios de Coaching estándar sin debatir con el cliente hasta qué punto pueden aportarle valor.*	*de responsabilidad que se crean.* • *Es la voz más importante a la hora de definir estructuras de responsabilidad* • *No consigue ayudar al cliente a desarrollar una estructura eficaz de medidas y responsabilidad.* • *Las medidas y estructuras no guardan una relación clara con el orden del día del cliente o con los resultados que este busca ni con sus procesos de aprendizaje y creación.* • *Los métodos y las estructuras no tienen un objetivo claro ni potencial para hacer avanzar al cliente.* • *Las herramientas y estructuras recomendadas no guardan una relación clara con las necesidades del cliente o de su orden del día o con un aprendizaje más profundo designado por el cliente.* • *Sugiere herramientas o ejercicios estándar de Coaching sin debatir con el cliente hasta qué punto pueden aportarle valor o no fomentan la creación de estructuras por parte del cliente en función de su estilo de razonamiento, aprendizaje, actuación y creación.*

MARCADORES DE COMPETENCIAS PARA EL COACH PROFESIONAL CERTIFICADO

Esta sección es una traducción[1] del documento publicado por la ICF en su *webiste*. Para mayor información, el lector puede recurrir a www.coachfederation.com, *Individual Credentialing, Emerging Trends.*

Los marcadores de evaluación son utilizados como indicadores por los coaches evaluadores para determinar qué Competencias Clave de Coaching del modelo de la ICF están presentes en una conversación de Coaching grabada, y en qué medida se aplican. Estos marcadores son las conductas que deben ser exhibidas en una conversación de Coaching a nivel PCC (en español, Coach Profesional Certificado).

Estos marcadores apoyan un proceso de evaluación de desempeño que aspira a ser siempre justo, consistente, válido, confiable, repetible y defendible.

Creemos importante dejar asentado que estos marcadores no son una herramienta para el entrenamiento, y que no deben ser utilizados como una lista de control o como la fórmula a seguir para aprobar evaluaciones.

---

1. Derechos de autor: International Coach Federation (ICF). Mayo de 2014 (traducción preliminar).

Competencias

Creación del acuerdo de Coaching (Competencia 2)

El coach:

1. Ayuda a identificar o a reconfirmar lo que el cliente quiere lograr durante la sesión.
2. Ayuda a definir o a reconfirmar las medidas de éxito para lo que quiere lograr el cliente en la sesión.
3. Explora lo que es importante o significativo para el cliente, con respecto a lo que quiere lograr durante la sesión.
4. Ayuda a definir lo que el cliente necesita abordar o resolver para lograr lo que quiere en la sesión.
5. Continúa la conversación en la dirección del resultado deseado por el cliente, a menos que el cliente le solicite lo contrario.

Creación de confianza e intimidad (Competencia 3)

El coach:

1. Reconoce y respeta el trabajo del cliente en el proceso de Coaching.
2. Expresa su apoyo al cliente.
3. Le permite al cliente expresarse plenamente y lo anima para que lo haga.

Presencia del coach (Competencia 4)

El coach:

1. Actúa en respuesta al cliente como persona, así como a lo que desea cumplir en una sesión.
2. Es un observador empático, y responde de acuerdo con lo que le transmite el cliente.
3. Reconoce y explora los cambios de energía del cliente.
4. Demuestra curiosidad e intención de aprender más sobre el cliente.
5. Se asocia con el cliente y lo ayuda a elegir lo que desea que ocurra en la sesión.

6. Se asocia con el cliente y lo invita a responder sobre las contribuciones que recibe durante la sesión, y acepta como válidas las respuestas que el cliente da.
7. Se asocia con el cliente para hacer un recuento de las posibilidades que expresa, a fin de que pueda elegir sobre cuál avanzar.
8. Se asocia al cliente y lo anima a poner en palabras su propio aprendizaje.

Escucha activa (Competencia 5)

El coach:
1. Formula preguntas y observaciones tomando en cuenta lo que ha aprendido acerca de quién es el cliente y cuál es su situación en el momento de la sesión.
2. Indaga y explora en las expresiones y el lenguaje que el cliente utiliza.
3. Indaga y explora en las emociones del cliente.
4. Indaga y explora en el tono de voz del cliente, el ritmo de su discurso y las inflexiones que utiliza.
5. Indaga y explora los comportamientos del cliente.
6. Indaga y explora sobre cómo el cliente percibe su mundo.
7. Mantiene el silencio y le da tiempo al cliente para pensar.

Preguntas poderosas (Competencia 6)

El coach:
1. Hace preguntas acerca del modo de pensar del cliente, de sus supuestos, creencias, valores y necesidades.
2. Ayuda al cliente, con sus preguntas, a explorar más allá de su forma habitual de hacerlo, llevándolo hacia nuevas formas de pensar acerca de sí mismo.
3. Ayuda al cliente, con sus preguntas, a explorar más allá de su forma habitual de hacerlo acerca de la situación planteada.

4. Ayuda al cliente, con sus preguntas, a explorar con máxima profundidad teniendo en cuenta los resultados que desea obtener.
5. Hace preguntas claras, directas, abiertas, una a la vez, y a un ritmo que le permite al cliente pensar y reflexionar.
6. Usa, en la formulación de sus preguntas, el lenguaje del cliente, y toma elementos identificados con el estilo de aprendizaje y el marco de referencia de este.
7. Pregunta de manera no directiva, teniendo especial cuidado de no utilizar oraciones que motiven respuestas determinadas.

Comunicación directa (Competencia 7)
El coach:
1. Comparte observaciones, intuiciones, comentarios, pensamientos y sentimientos que le sirven al cliente para su aprendizaje y lo ayudan a "moverse hacia delante".
2. Comparte observaciones, intuiciones, comentarios, pensamientos y sentimientos que ayuden a que el cliente se movilice, pero sin apegarse a los conceptos que escucha, sin sentir que son "lo correcto".
3. Utiliza el lenguaje del cliente, o un lenguaje que refleja el estilo de hablar del cliente.
4. Busca siempre ser claro y conciso.
5. Le permite al cliente hablar la mayor parte del tiempo.
6. Le permite al cliente completar sus frases sin interrumpirlo, a menos que haya un propósito de Coaching para hacerlo.

Creación de conciencia (Competencia 8)
El coach:
1. Invita al cliente a declarar o explorar su aprendizaje acerca de la situación planteada (el "qué").

2. Invita al cliente a declarar o explorar su aprendizaje acerca de su propia persona (el "quién").
3. Comparte lo que va percibiendo sobre el cliente o sobre la situación del cliente, y provoca que el cliente use esta información como insumo para su trabajo personal.
4. Invita al cliente a pensar sobre cómo usará los nuevos aprendizajes, adquiridos durante la sesión de Coaching.
5. Intenta crear, a través de sus preguntas, intuiciones y observaciones, nuevos elementos para el cliente, aprendizajes.

Diseño de acciones, planificación y fijación de objetivos, gestión del progreso y rendición de cuentas (Competencias 9, 10 y 11)

El coach:

1. Invita al cliente a explorar su progreso en relación con lo que quiere lograr a partir de la sesión, o permite que lo haga espontáneamente.
2. Apoya al cliente en el diseño de las acciones y los pensamientos que tendrá después de la sesión, para que continúe moviéndose hacia el logro de los resultados deseados.
3. Invita al cliente a considerar los pasos siguientes a la sesión, incluyendo los mecanismos de soporte, recursos y posibles barreras; o permite que el cliente realice esta elaboración espontáneamente.
4. Apoya al cliente en el diseño de las mejores formas de rendirse cuentas a sí mismo.
5. Se pone de acuerdo con el cliente para cerrar la sesión.
6. Se da cuenta del progreso del cliente y lo pone en palabras.

GUÍA PARA ELABORAR
INFORMES ESCRITOS

- Utilizar el lenguaje de la descripción de las competencias homologadas por la ICF.
- Identificar, para cada competencia y para toda la conversación, el nivel alcanzado, dejando anotado si el coach demostró habilidades de nivel ACC, PCC o MCC.
- Destacar cuáles fueron los comportamientos presentes y también los ausentes deseables correspondientes a cada competencia para alcanzar el siguiente nivel de desempeño.
- Al final del informe, escribir los tres aspectos más importantes que el coach debe tener en cuenta para avanzar en su desarrollo profesional.
- Como, por lo general, se evidencian comportamientos del coach que se repiten en dos o más competencias, tener claro que es suficiente con mostrar y ejemplificar si estuvo presente o ausente en una sola. (Por ejemplo, alcanza con anotar "mantener el silencio durante la sesión", aunque esto impacte sobre el desempeño en varias competencias).
- Diferenciar hechos de interpretaciones. Evitar frases como, por ejemplo, "Te sentí segura y con confianza en ti misma". En su lugar, dar la fundamentación de los juicios que se enuncien utilizando aspectos de la

conducta del cliente. (Por ejemplo: "No hubo titubeos ni te tembló la voz").

- Diferenciar síntesis de parafraseo. Una síntesis es un resumen de lo que dijo el cliente. El parafraseo es repetir lo que dijo el cliente con el lenguaje del coach, y sirve para demostrar entendimiento.
- Evitar incluir lo que el mentor coach hubiera interpretado de lo que dijo el cliente si fuera su coach. En cambio, optar por decirle al coach al que le está brindando mentoring, por ejemplo, que se podría haber profundizado más en el "quién" del cliente, o sea, en su identidad.
- Al dar feedback, enfocarse en aspectos de "efectividad" en vez de en juicios como, por ejemplo: "Me gustó".

EJEMPLOS DE INFORMES

Durante la Certificación de Mentor Coaching, cada vez que un participante ofició de mentor coach le entregó un informe como los siguientes al que hizo las veces de coach, con copia a todo el grupo y como forma de colaborar con el aprendizaje.

Feedback de la sesión de Alicia (Coach) con John (Cliente)

Alicia es PCC y está preparándose para obtener su credencial de MCC.

Los nombres no son reales.

Acuerdo de Coaching

* Ayudó a identificar lo que quiso lograr el cliente en la sesión preguntando "¿qué quieres explorar…?". Y reconfirmó al preguntarle: "Concretamente, ¿qué te quieres llevar?", para asegurarse de en qué quería centrarse el cliente, aunque él no lo tuviera del todo claro.
* Exploró lo que era importante o significativo acerca de lo que quiso lograr su cliente, estableciendo la situación anterior a la sesión, al preguntar "¿para qué quieres llevarte esos valores?"; e indagó acerca de la situación futura: "¿Qué tiene que pasar contigo para que lo logres?".

- Indagó sobre términos utilizados por el cliente. ("¿Qué significa salirse de control?").
- Demostró curiosidad al ayudar al cliente a definir lo que tenía que abordar para lograr lo que quería, al preguntar "¿Qué hay detrás de ese 'no me he dado cuenta'?".
- Chequeó qué era lo que realmente quería llevarse el cliente cuando tomó una "nueva ruta", y abrió varias puertas. Le preguntó "¿Una nueva ruta es cómo decir no?" Le dio a elegir por dónde quería seguir, y si quería cambiar el rumbo de la sesión.

Fue un acuerdo de nivel PCC.
Para que sea MCC sería necesario

- Preguntar sobre la medida de éxito, o sea, cómo iba a poder medir o darse cuenta el cliente, al final de la sesión, que se llevaba lo que quería, y dejar claramente establecido el cambio de rumbo como un nuevo acuerdo.
- Parafrasear antes de la exploración sobre lo que se quería trabajar, el "para qué", y preguntar cómo iba a saber que lo logró, para tener mayor claridad acerca de qué era lo que quería lograr realmente el cliente.
- Tener más claro qué hay detrás de todas las opciones que trajo el cliente, preguntando, por ejemplo, "Detrás de todo esto que traes, o detrás de todo esto que estás diciendo, ¿qué más hay?, y "Específicamente, ¿qué quieres lograr?". Volviendo a repetir la pregunta, porque no quedó claro, después de la segunda respuesta, qué era lo que se quería realmente lograr. Lo dicho se vincula con el manejo del tiempo, ya que se tendría que haber cerrado más rápido el acuerdo. (Esto fue también aclarado por Alicia cuando habló de su difi-

cultad en el manejo del tiempo y dijo no haber parafraseado porque le iba a insumir más tiempo).

Confianza e intimidad

- La forma de crear el contexto antes de comenzar la sesión con su tono de voz <u>respetuoso</u> y creando un entorno de <u>seguridad y apoyo</u> permitió, desde el inicio, que el cliente fluyera en la sesión. (Le preguntó si escuchaba bien, cómo estaba y si necesitaba algo antes de comenzar).
- Tuvo confianza en sí misma. Se la notó cómoda en la situación.

Demostró un nivel PCC
Para MCC sería necesario

- Tener confianza en el proceso. (Reconocido por Alicia en relación con lo que sintió como una limitación al hacer una sesión de 20 minutos).
- Ser vulnerable y estar cómoda sin saber, y dejar que el cliente liderara la sesión. Se notó cierto esfuerzo para realizar su trabajo en ciertos momentos en los que se apuró a realizar una pregunta, superponiéndose con el cliente e incluso interrumpiéndolo en una oportunidad, disculpándose por hacerlo. También hubo una pregunta en la que le pidió al cliente que diga una palabra determinada. (Desarrollo este punto en "presencia").
- Que haya más silencios.

Presencia

- Hubo conexión entre cliente y coach, y se creó una burbuja aislada del resto del grupo. Esto fue confirmado por el cliente *a posteriori*, cuando afirmó que se había olvidado de todos los que estábamos observando la sesión.

- Indagó sobre el "qué" y el "quién" (Hubo varias preguntas de clarificación sobre lo que quería conseguir: "¿Qué quiere decir salir de control?", "¿Qué, específicamente, quieres lograr?". Dio opción para que el cliente eligiera por qué puerta quería entrar. Hizo preguntas sobre el "quién": "¿Quién serías si empiezas a cuidarte y a trascender?", fue una de varias.
- Fue curiosa.
- Cocreó la relación, al preguntar por cuál de todas las puertas abiertas quería comenzar el cliente; y sobre el final, preguntar: "¿Cómo quieres cerrar…?".
- Se asoció con el cliente dándole a escoger qué tema tratar.
- Fomentó la claridad del aprendizaje del cliente, preguntando, sobre el final: "¿De qué te das cuenta concretamente?".

Corresponde a un nivel de PCC.
Para MCC sería necesario

- Dejar que liderara la sesión el cliente, ya que fue directiva cuando pidió una palabra en relación con el valor que le da él al "sí", con respecto a esa pasión por el trabajo. En estos casos convendría repreguntar: "¿Sí, John? ¿Hasta dónde?". También fue directiva cuando le pidió a su cliente que repitiera una declaración, sobre el final, para ayudarlo a que la incorporara. Además, le dijo: "Si no te cuidas, no vas a poder hacer lo que te apasiona".
- Explorar y espejar los cambios de energía. Hubo momentos de risa del cliente justo cuando cambió el rumbo de su objetivo, y momentos donde su tono era muy bajo, por ejemplo, cuando se preguntó: "¿Hasta cuándo?".

Escucha activa

- Escuchó de manera lineal y no lineal (sobre todo no lineal), retomando y relacionando temas al unir distintas expresiones usadas por el cliente. Por ejemplo, cuando se habló de la relación entre la pasión por el trabajo y la creencia de que no es un trabajo, o la relación entre cuidarse y trascender.
- Escuchó el presente (aunque con miedo a la pérdida de oportunidades), e indagó sobre las expresiones que usó el cliente (ya vistas en el "acuerdo de Coaching").
- Fue curiosa al indagar los comportamientos del cliente.

Demostró un nivel PCC.
Para MCC sería necesario

- Desafiar las creencias que limitan al cliente.
- Indagar sobre las emociones y los cambios de energía (tonos de voz, risa).
- Hacer silencios (ya visto en "presencia" y "confianza"). En determinados momentos, no dio tiempo a su cliente para pensar.

Preguntar poderosamente

- En la creación del contexto y durante el acuerdo realizó varias preguntas que apuntaban al "qué", y en la exploración, al "qué" y al "quién": "¿Qué relación hay entre…?". "¿Quién estás siendo cuando dices que sí?". "¿Cuál es el valor que no estarías cuidando?". "¿Cómo te hace sentir cuando no te cuidas?".
- Indagó sobre las necesidades del cliente en relación con sus valores.
- Hizo preguntas claras y directas usando el lenguaje del cliente.

- Durante la exploración, fueron efectivas varias preguntas, sobre todo las vinculadas a relacionar la pasión por el trabajo y la creencia de que no es un trabajo, y las que tuvieron que ver con la relación entre trascender y cuidarse: "¿Cómo te sientes cuando no te cuidas?".
- Fue efectiva la verificación de cómo estaba el cliente al final del proceso.

Corresponde a PCC
Para MCC es necesario

- Atenerse al uso del vocabulario del cliente, por ejemplo, cuando se refiere a "linkear" dos aspectos para referirse a relacionarlos. John no había usado ese término. En estos casos, se le puede preguntar al cliente si le resulta familiar una palabra, ya que en diferentes culturas puede ser más o menos usada.
- Evitar las preguntas largas y compuestas. Por ejemplo, "¿Qué hay detrás de ese 'no me he dado cuenta' y qué quieres llevarte de este espacio?". Otro caso: "¿Por dónde quisieras empezar? Porque hay muchas puertas abiertas… Hablaste del costo… ¿Por cuál puerta quieres comenzar?".
- Evitar las preguntas directivas o que lleven una indicación (como ya se desarrolló en el apartado de "presencia").
- Hay puertas que se podrían haber abierto. Por ejemplo, indagar sobre la autorreflexión del cliente de "¿Hasta dónde?". Conviene profundizar sobre ese tema para indagar qué hay debajo del iceberg.

Comunicación directa

- Utilizó el vocabulario de John. Fue clara, directa y concreta.
- No usó lenguaje técnico, y se expresó de un modo

respetuoso, que tuvo un efecto positivo sobre el cliente y que reflejó la manera de hablar de él.

Corresponde a PCC.
Para MCC es necesario

- Evitar las preguntas cerradas y las compuestas. (Visto en "preguntas poderosas").
- Mayor uso del silencio. No interrumpir ni superponerse con el cliente.
- Celebrar intervenciones de aprendizaje del cliente.
- Animarse a compartir intuiciones y avisar cuando se hacen preguntas indicativas o directivas y pedir permiso para hacerlas.

Crear conciencia

- Exploró el "qué" y el "quién". (Se desarrolló en "preguntas poderosas").
- Exploró de qué se dio cuenta John y qué se llevó de la declaración "me tengo que cuidar". Aportó al cliente, además, dos valores que son "trascender" y "cuidarse".

Corresponde a un PCC.
Para MCC es necesario

- Indagar si lo que se lleva el cliente es lo que quería al principio y se estableció en el "acuerdo de Coaching", y preguntarle qué aprendió y qué relación tiene esto con lo que se había propuesto al comienzo de la sesión.

Diseño de acciones

- Hubo una propuesta de poder tener otra conversación para continuar con las acciones a desarrollar, ya que no tuvieron oportunidad de hacerlo. De todos modos, John se llevó un compromiso de profundizar cómo se pueden honrar los valores tratados.

Síntesis de las recomendaciones

- En general, la actitud y la postura de Alicia durante la sesión corresponden a una PCC, si se tiene en cuenta que fue su primera experiencia en el grupo como coach y que el tiempo fue un factor que la tensionó. Los indicadores en los que fue efectiva fueron los siguientes: su autoconfianza, su presencia y su capacidad para cocrear la relación; su escucha lineal y no lineal; y su capacidad para preguntar poderosamente sobre el "qué" y el "quién", y de forma clara y directa.

Como recomendación para MCC

- Profundizar más cuando el cliente hace una autorreflexión y cuando se cuestiona.
- Tener más confianza en el proceso.
- Hacer silencios y dar tiempo al cliente para pensar.
- Asociar lo que se lleva el cliente con lo establecido en el acuerdo, para poder medir el éxito.
- Hacer preguntas más cortas, simples (no dobles ni compuestas) y abiertas.

Feedback de la sesión de Rina (Coach) con Stephan (Cliente)

Acuerdo de Coaching

- Ayudó a identificar lo que se quiso lograr en la sesión preguntando: "¿qué quieres trabajar...?". Y reconfirmó al preguntar: "Concretamente, ¿qué te gustaría conversar sobre esto?", para asegurarse de en qué quería centrarse el cliente, que fue poco claro al respecto. Para asegurarse aún más, volvió a preguntar: "En estos 20 minutos, ¿sobre qué te gustaría que conversemos?". Con respecto a las medidas del éxito, preguntó: "¿Cómo te darías cuenta que eso que quieres que pase estaría sucediendo?".

- Chequeó qué era lo que quería llevarse el cliente: cuando él le planteó que quería trabajar sobre varios indicadores, le preguntó: "¿Y si de estos indicadores pudieras elegir uno?".
- Parafraseó antes de comenzar con la exploración.

Fue un acuerdo de nivel PCC.
Para MCC es necesario

- Ser más curiosa e indagar sobre los términos o expresiones usadas por el cliente. Por ejemplo, podría haberle preguntado: "¿Qué significa aceptar lo que me surge?", "¿Qué es estar rayado con el mundo?".
- Formular la pregunta sobre la medida de éxito más claramente; o sea, cómo iba a poder medir o darse cuenta al final de la sesión de que el cliente se llevaba lo que quería.
- Tener más claro qué hay detrás del diseño de acciones que el cliente se quería llevar preguntando, por ejemplo: "Detrás de todo esto que traes, o detrás de todo esto que estás diciendo, ¿qué más hay?". Y más específicamente: "¿Qué quieres lograr con estas acciones?". Esto resultaría útil, porque se manejaron muchos supuestos sin aclarar.

Confianza e intimidad

- La forma de crear el contexto antes de comenzar la sesión con su tono de voz <u>respetuoso</u> y generando un entorno de <u>seguridad y apoyo</u> permitió, desde el inicio, que el cliente fluyera. Esto se vio cuando le preguntó cómo estaba, cómo se sentía y qué tipo de coach quería que fuera ella.

- Hubo confianza de parte del cliente

Demostró un nivel PCC.
Para MCC es necesario

- Tener confianza en sí misma y en el proceso. (Esto fue reconocido por Rina, cuando dijo que se sintió limitada al hacer una sesión de 20 minutos, y que estuvo nerviosa durante todo el encuentro).
- Ser vulnerable, estar cómoda sin saber y dejar que el cliente liderara la sesión. (Se notó cierto esfuerzo para realizar su trabajo).
- Que haya más silencios.

Presencia

- Hubo conexión entre cliente y coach, y se creó una burbuja aislada del resto del grupo. (Confirmado por el cliente *a posteriori*). Rina estuvo brindándose al cliente, de manera atenta y afectuosa. (Esto fue valorado por el cliente, que dijo haber recibido lo que buscaba: "un Coaching hecho desde el corazón").
- Fue curiosa e hizo varias preguntas poderosas.
- Cocreó la relación, al preguntarle por dónde quería comenzar; y también al final, al preguntar: "¿Cómo te gustaría cerrar?".
- Se asoció con el cliente, dándole a elegir qué tema tratar.
- Fomentó la claridad del aprendizaje de Stephan, preguntando, al final: "¿Te das cuenta de algo en relación con lo que te querías llevar?".

Corresponde a un PCC.
Para MCC sería necesario

• Indagar sobre la brecha entre quién está siendo ahora como padre y quién quisiera ser como padre.
• Dejar que liderara la sesión el cliente.
• Explorar y espejar los cambios de energía. (Hubo momentos de risa del cliente y momentos donde su tono era muy bajo que no fueron marcados por la coach).

Escucha activa

• Escuchó de manera lineal y no lineal. (Sobre todo no lineal, retomando y relacionando distintas expresiones usadas por el cliente; por ejemplo: "¿Cómo se relaciona ser un buen padre y la alegría?". "¿Se puede ser un buen padre con alegría y tristeza?").
• Escuchó y manejó los silencios.
• Fue curiosa al indagar los comportamientos del cliente con relación a la alegría y la tristeza.

Demostró un nivel PCC.
Para MCC sería necesario

• Desafiar las creencias que limitan al cliente. Por ejemplo: "Ser un buen padre".
• Indagar sobre las emociones durante y fuera de la sesión en relación con sus hijas y sobre los cambios de energía (tonos de voz, risa).
• Escuchar más en profundidad sobre quién es el cliente como padre y quién quiere ser como padre, porque al no dejar clara la brecha entre el presente y el futuro, no quedó totalmente aclarado qué es lo que quería conseguir.

Preguntar poderosamente

- Durante la creación del contexto y en el acuerdo se realizaron preguntas que apuntaban al "qué", y en la exploración, al "qué" y al "quién".
- Fueron preguntas claras y directas, en las que se usó el lenguaje del cliente.
- Durante la exploración, fueron efectivas varias preguntas. Por ejemplo: "Si tuvieras esos indicadores, ¿cuál sería el beneficio?". "¿Cómo se relaciona ser un buen padre con la alegría?", "¿Qué vas a hacer con tu tristeza?".
- Las preguntas fueron cortas y claras.

Corresponde a PCC.
Para MCC es necesario

- Indagar en el uso del vocabulario del cliente (por pertenecer a una cultura diferente). Por ejemplo, cuando se refirió a estar "rayado con el mundo".
- Indagar sobre quién es el cliente como padre y quién quisiera ser.

Comunicación directa

- Utilizó el vocabulario del cliente: claro, directo y concreto.
- No usó lenguaje técnico. Prefirió un lenguaje respetuoso que tuvo un efecto positivo sobre el cliente y reflejó su manera de hablar.
- Utilizó los silencios.

Corresponde a PCC.
Para MCC es necesario

- Animarse a compartir intuiciones. (Que es algo que le pidió el cliente al cierre de la sesión. Concretamente, le pidió que le regalara una intuición).

Crear conciencia

- Exploró el "qué" y la relación entre términos que ayudaron al cliente a darse cuenta de la importancia de la "alegría". (Ya se desarrolló en "preguntas poderosas").
- Exploró "de qué se dio cuenta".
- Indagó acerca de si lo que se llevó su cliente es lo que se estableció al principio, en el acuerdo de Coaching.

Corresponde a un nivel PCC.
Para MCC sería necesario

- Preguntarle al cliente qué aprendió.

Diseño de acciones

- Hubo una propuesta de poder continuar en otra conversación para poder dar respuesta al pedido del cliente de que le regalara una "intuición" y conversar sobre las acciones a desarrollar, ya que no hubo oportunidad de hacerlo.

Observaciones finales

Síntesis de las recomendaciones

Teniendo en cuenta que fue la primera experiencia en el grupo de Rina como coach y que el tiempo fue un factor de tensión para ella, quedó ubicada como PCC al finalizar esta sesión. Quien la conoce sabe que podría haber desplegado mejores preguntas y podría haber profundizado más. En general, la actitud, la postura y quién fue Rina durante la sesión corresponde a una MCC, aunque los resultados parciales la ubiquen como PCC.

Para continuar con lo que hizo de manera más efectiva, hay que destacar su capacidad para crear confianza en el cliente, su presencia, manifestada en la aptitud para co-crear la relación y en la escucha no lineal, y su capacidad para preguntar poderosamente.

Recomendaciones para que obtenga su MCC

Soltar, soltar, soltar… la exigencia. Permitirse ser vulnerable al no saber. O sea, confiar en sí misma. Chequear términos usados por el cliente. Sobre todo, si usa expresiones correspondientes a otra cultura. Profundizar aclarando la brecha entre presente y futuro en el "acuerdo" y no dar por sentado expresiones como, por ejemplo, "me quiero llevar acciones".

PLANILLAS DE FEEDBACK PARA MENTOR COACHING

MENTOR COACHING FEEDBACK

COACH:	CLIENTE/TEMA:	FECHA:

FOCO DE LA SESIÓN	COMPETENCIAS	COMENTARIOS DEL MENTOR COACH	FORTALEZAS/ ÁREAS CON POSIBILIDADES DE MEJORA
	1. Acuerdo de Mentor Coaching a) ¿En qué competencias desea centrarse el coach? b) ¿De qué nivel es? (ACC, PCC, MCC) c) ¿Qué necesita del Mentor? d) Coach cocrea la relación. e) Coach aclara lenguaje. f) Coach articula acuerdo.		
	2. Desarrollo de la relación a) Mentor coach construye la relación basada en la presencia y la confianza. b) Anima al coach para que exprese sus ideas y sus emociones. c) Respeta y valora el trabajo del coach.		

FOCO DE LA SESIÓN	COMPETENCIAS	COMENTARIOS DEL MENTOR COACH	FORTALEZAS / ÁREAS CON POSIBILIDADES DE MEJORA
	d) Modela e invita al coach a ser vulnerable explorando sus éxitos, retos y áreas de mejora. e) Está presente, es elogioso, es soporte.		
	3. Escucha activa a) Escucha con presencia cada una de las competencias. b) Escucha toda la sesión y cada competencia diferenciando niveles de dominio (ACC, PCC O MCC).		
	4. Feedback / Crear un diálogo a) Comunicar con eficacia áreas de fortalezas y oportunidades de mejora, utilizando un lenguaje basado en conductas observadas, creando un espacio de confianza y respeto mutuo. b) Convenir cómo quiere el coach recibir retroalimentación. c) Dar respuesta apreciativa, constructiva y sensible a las diferencias culturales. d) Crear un espacio seguro y confiable para la entrega de feedback en un tono respetuoso, amigable, claro y conciso. e) Ofrecer información concreta basada en comportamientos concretos y no en el "ser" del coach.		
	5. Aplicación de las competencias clave del modelo ICF a) Con profundo conocimiento de las competencias clave de ICF, identificar la ausencia o presencia de los comportamientos correspondientes.		

FOCO DE LA SESIÓN	COMPETENCIAS	COMENTARIOS DEL MENTOR COACH	FORTALEZAS/ ÁREAS CON POSIBILIDADES DE MEJORA
	b) Distinguir el comportamiento a nivel de ACC, PCC O MCC. c) Basándose en las competencias, mostrar la brecha entre los niveles de capacidad aprobada y el siguiente nivel. d) Identificar la presencia o ausencia de comportamientos en las sesiones de Coaching.		
	6. Proceso de aprendizaje a) Identificar barreras para el aprendizaje y utilizarlas para enriquecer el proceso. b) Cocrear el proceso de aprendizaje con el coach, explorar las expectativas y preferencias de Coaching y estilos de aprendizaje. c) Permanecer centrado en los resultados acordados para el proceso de Mentor Coaching para cada sesión. d) Reconocer y celebrar el progreso. e) Innovar. Diseñar cambios educativos en la facilitación de las sesiones.		
	7. Facilitación del grupo a) Desarrollar las normas de trabajo con el grupo. b) Promover la participación de todos los miembros e invitar a los "silenciosos" a que den su contribución. c) Estimular el espíritu de equipo y conexión. d) Intervenir cuando la retroalimentación sea agresiva o inadecuada.		

FOCO DE LA SESIÓN	COMPETENCIAS	COMENTARIOS DEL MENTOR COACH	FORTALEZAS/ ÁREAS CON POSIBILIDADES DE MEJORA
	8. Autorreflexión *Preguntar* 1. ¿Qué hiciste bien? 2. ¿Qué harías diferente? 3. ¿Qué aprendiste de ti? 4. ¿Cómo estuviste en la sesión?		
	Comentarios		

PLANILLA DE FEEDBACK

COACH:	CLIENTE/TEMA:	FECHA:

	COMPETENCIAS	INTERVENCIONES DEL COACH	OBSERVACIONES PARA MCC
INTRODUCCIÓN (5 minutos)	**C2 Acuerdo de Coaching** ¿Qué quieres lograr hoy? ¿Qué hace que esto sea importante? O sea, ¿para qué quieres trabajarlo? ¿Cómo vas a saber que lo has logrado?	Ayudó a confirmar y reconfirmar lo que se quería trabajar y lograr en la sesión. El parafraseo permitió clarificar las ideas y definir el acuerdo. Siguió preguntando y clarificando lo que trajo la cliente.	Podría haber clarificado el para qué y el significado de algunas expresiones. Por ejemplo: ¿Qué significa "una base que la sostenga", y "¿Qué significa 'ser natural'?".
	C3 Confianza e intimidad El coach ofrece apoyo y respeto. Anima al cliente a expresar sus ideas. El cliente se siente cómodo. Validación. El coach confía en sí mismo, en el cliente y en el proceso. No juzga. Pide permiso para explorar áreas delicadas. **C 4 Presencia del coach** Desarrollo de empatía. Cocrea la relación. "Por dónde quiere empezar". Hay conexión. Danzan juntos. Importancia del silencio. El coach usa su intuición. Es curioso. Usa el humor.	Se destaca la autoconfianza y la facilidad para crear confianza en la cliente. Preguntó cómo se sentía por la gripe, ofreciendo apoyo por si necesitaba algo, produciendo de ese modo confianza. El tono de voz también creó confianza. Es empática. Explora el "qué" y el "quién".	Faltó algo de confianza en el proceso ya que intervino bastante, liderando en parte la sesión. Para cocrear la relación hubiera podido preguntar por dónde quería comenzar a explorar.
	C5 Escucha Activa Escucha lo que dice y lo que no dice y la energía del cliente. Parafrasea, pide aclaraciones, resume, muestra comprensión. Escucha lineal y no lineal. Importancia del silencio. El coach explora lenguaje, emociones y corporalidad. Reconoce las creencias y las incongruencias, pero también la grandeza del cliente.	Parafrasea y sintetiza muy efectivamente. Es efectiva en mostrar sus cambios emocionales durante la sesión. Escucha lineal y no lineal, relaciona conceptos durante toda la sesión.	Le da tiempo para pensar a la cliente pero sería más efectiva si trabajara menos y si hiciera más silencios.

	COMPETENCIAS	INTERVENCIONES DEL COACH	OBSERVACIONES PARA MCC
EXPLORACIÓN (5 minutos)	**C6 Preguntar poderosamente** El coach pregunta sobre el "qué" y el "quién". ¿Profundiza o es superficial? Pregunta utilizando el lenguaje del cliente. No usa preguntas inductoras ni aconseja ni interpreta. Hace preguntas claras, directas, abiertas y concisas. Puede crear incomodidad.	Las preguntas se enfocaron en el "qué" y el "quién". Foco en la necesidad del cliente. Expresa "Me ayudó a salirme de la caja y ver en su justa dimensión". Le preguntó "¿Cuál es tu emoción cuando te sientes natural?". Desafió el juicio de "no sé qué decir". Usó el lenguaje del cliente	Podría haber profundizado el significado del "miedo", que es la emoción más habitual que se presenta al profundizar las problemáticas de los clientes.
	C7 Comunicación directa Las preguntas son claras y concisas. No hace preguntas cerradas, ni encadenadas. Pregunta qué, cuándo, cómo. Usa el vocabulario del cliente. Está cómodo con los silencios. No se propone tener razón. No usa lenguaje técnico. Usa metáforas y analogías que trae el cliente.	Clara al preguntar y articular sus ideas. Utiliza un lenguaje que refleja el estilo del cliente. Permite que complete sus frases sin interrumpir.	Presentar frases más cortas.
	C8 Crear conciencia Explorar el qué y el quién. Integrar el principio, desarrollo y cierre del proceso. El cliente ve desde una nueva perspectiva. "¿De qué te diste cuenta?". "¿Qué es posible ahora?". "¿Qué aprendiste?". "¿Como lo aplicarás?". Las preguntas del coach, su intuición y sus observaciones crean nuevos aprendizajes para el cliente.	La cliente crea conciencia. Pudo unir espontaneidad, seguridad y la emoción que estaba buscando: la alegría. Pregunta a la cliente qué aprendió de la sesión.	
CIERRE (5 minutos)	**C9 Diseño de acciones** ¿Qué acciones vas a acometer? ¿Cuándo lo vas ha hacer? ¿Qué obstáculo puedes tener? ¿Qué ayuda vas a necesitar? El coach reflexiona sobre el progreso del cliente. Valida su proceso. Cocrea el cierre de la sesión.	No fue realizado por falta de tiempo	

Observaciones más importantes relacionadas con obtener nivel MCC:

- Trabajar menos intensamente. Dejar que sea el cliente el que trabaje más.
- Dejar que sea el cliente el que lidere (que vaya al volante).
- Cocrear la relación preguntando cómo o por dónde quiere empezar a explorar el cliente.

CONTRATO DE MENTOR COACHING

Aspectos a tener en cuenta antes de comenzar un proceso de Mentor Coaching:

- Aclarar cuáles son los objetivos del coach. (Por ejemplo, recibir feedback sobre sus competencias, acreditarse en la ICF o renovar la credencial).
- En caso de que desee conseguir una credencial, preguntarle al coach su nivel actual y el deseado. Indagar sobre la cantidad de horas de práctica que tiene.
- Subrayar la importancia de la confidencialidad entre el mentor coach y el coach y entre el coach y sus clientes, y establecer cómo se le explicará a los cliente el uso de las grabaciones.
- Indicar el tiempo de duración de las reuniones y la cantidad de encuentros que se harán. Según los estándares de la ICF, la cantidad máxima de horas de Mentor Coaching grupal es del 70 por ciento del total (7 de las 10 requeridas para renovar las credenciales), y el proceso debe durar por lo menos tres meses.
- Acordar los honorarios y la forma de pago.
- Definir los horarios de reunión, así como la plataforma que será utilizada en los encuentros de mentoring virtual.

- Garantizar que los grupos tendrán, como máximo, 10 personas.
- Explicar el proceso que se emplea para recibir documentos a través de Dropbox. Informar sobre el uso de materiales didácticos (videos, sesiones de Coaching, etc.).
- Dejar claro que el coach debe avisar con 24 horas de anticipación en caso de necesitar cancelar una sesión, la importancia de la puntualidad y que la sesión finalizará a la hora pactada aunque el coach llegue tarde.
- Aclarar la forma de trabajo, en el caso de las sesiones de Mentor Coaching individual. (Si se va a escuchar grabaciones o se va a trabajar en vivo, mientras el coach atiende a sus clientes). En caso de que se elija trabajar con grabaciones, establecer con cuánto tiempo de anticipación tendrá que enviárselas el coach a su mentor coach para que las pueda analizar y preparar su trabajo.
- En los casos de Mentor Coaching grupal, definir si va a practicar un coach o lo harán dos en cada encuentro, y aclarar que van a recibir feedback tanto del mentor coach como de sus compañeros.
- Subrayar que si se van a utilizar grabaciones se le tiene que pedir permiso al cliente para grabar la sesión, y que se le debe avisar al cliente que será escuchado por un mentor coach.
- Dejar establecido que en los casos de Mentor Coaching individual, cuando el coach envíe una grabación debe acompañarla con su autoevaluación, hecha después de haber escuchado la misma grabación que analizará su mentor coach.
- Subrayar que no se permitirá que transcurran más de quince días entre sesiones de Mentor Coaching individual.

Aspectos a tener en cuenta en la primera reunión de Mentor Coaching grupal:

- Promover la presentación de cada integrante del grupo.
- Dar lugar al planteo de los objetivos y las expectativas personales de cada integrante.
- Convenir con los integrantes del grupo las reglas de funcionamiento (confidencialidad, puntualidad, respeto y cuidados mutuos, presencia, etc.).
- Dejar establecido el tiempo de duración de cada sesión de Coaching y la metodología de trabajo.
- Responder preguntas y dudas que surjan.

BIBLIOGRAFÍA

Bachkirova, Tatiana; Jackson Peter y Clutterbuck, David: *Coaching and Mentoring Supervision*. McGraw-Hill, 2011.

Covey, Stephen R.: *Los 7 hábitos de las personas altamente efectivas*. Editorial Grijalbo, 1998.

Echeverría, Rafael: *El arte de la retroalimentación en equipos de alto desempeño*. Newfield Consulting, 1999.

Echeverría, Rafael: *El observador y su mundo*, Volumen II. Granica, 2010.

Goldsmith, Marshall: *What got you here won't get you there*. Amazon B&N, 2011.

Goldvarg, Damián, Goldvarg Norma: *Competencias de Coaching Aplicadas con Estándares Internacionales*. Granica, 2011.

Hawkins, Peter y Smith, Nick: *Coaching, Mentoring and Organizational Consultancy*. McGraw-Hill, 2006.

Karp, Hanks: "El arte perdido del feedback", en *Bridging The Boomer–Xer Gap: Creating Authentic Teams for High Performance at Work*. Amazon, 2002.

Kofman, Fredy: *Metamanagement*, Tomo I. Granica, 2002.

Seligmen, Martin E. P.: *La auténtica felicidad*. Ediciones B, 2007.

International Coach Federation Website
www.coachfederation.org

– Acreditación Individual, Competencias, Tabla comparativa.
– Tendencias emergentes, Nueva evaluación de marcadores de candidatos a PCC.

Videos recomendados en YouTube

– El arte y la ciencia del coaching. VideoBook
– How coaching works
– ICF Credential Legacy Video Series

ACERCA DE LOS AUTORES

Damián Goldvarg

Acumula más de veinte años de experiencia como consultor, facilitador y coach de ejecutivos en más de cuarenta países de los cinco continentes. Se especializa en el desarrollo de líderes, incluyendo: evaluación de ejecutivos, gestión del talento, rendimiento, capacitación en liderazgo y feedback de 360 grados.

En 1987 obtuvo su Licenciatura en Psicología en la Universidad de Buenos Aires; en 1994, una Maestría en Counseling de la Universidad del Estado de California, en Northridge; y en 1997, una segunda Maestría y Doctorado en Psicología Organizacional de la Universidad Alliant, también en California. Es, además, Master Coach Certificado por la Federación Internacional de Coaching (ICF) de la que fue Presidente Global durante los años 2013 y 2014.

Desde hace varios años, Damián Goldvarg facilita grupos de Mentor Coaching, y entrenó a cientos de coaches que obtuvieron sus credenciales de la ICF, y a gran cantidad de mentor coaches para que ofrezcan el mismo servicio a coaches de más de diez países de Latinoamérica y España. Es, además, supervisor de coaches acreditado, y provee servicios de Supervisión de Coaching grupal.

Otras áreas de su especialización son: habilidades de comunicación, resolución de conflictos, entrevistas, trabajo en equipo y gestión del tiempo.

Presentó ponencias en conferencias nacionales e internacionales.

Desarrolló su carrera profesional trabajando para empresas multinacionales, así como para organizaciones de base comunitaria y gubernamentales. Entre ellas: Shell, BP, Hewlett Packard, Coca Cola, Mac Donalds, Wall-Mart, Unilever, John Deere, Nestle, SAP, Lafarge, Citigroup, Ericsson, Porche, Daimler, L'Oreal, Merck, Center for Nonprofit Management, University of Southern California, University of California, Los Angeles and San Diego, Interamerican Development Bank, UNHCR, Food and Agriculture Organization, World Food Programme, World Health Organization, y United Nations Secretariat.

Nacido en la República Argentina, el doctor Goldvarg tiene una amplia experiencia trabajando con personas de diferentes culturas y orígenes sociales.

Ofrece servicios en inglés, español y portugués.

Su correo electrónico es Damian@goldvargconsulting.com y su website, www.goldvargconsulting.com

Norma Perel

Es licenciada en Psicología graduada en la Universidad de Buenos Aires, en 1968; y Coach Profesional Certificada (PCC) por la International Coach Federation (ICF).

Se certificó como coach en la Escuela Argentina de PNL & Coaching, que fue la primera en este país en ser acreditada como ACTP por la ICF, y se desempeñó en la misma institución como supervisora, evaluadora y mentor coach hasta el año 2015.

Está certificada como terapeuta psicocorporal en el Instituto Río Abierto, y es, además, *practitioner* en PNL.

Norma Perel es miembro fundador del capítulo argentino de la ICF, e integrante del Board, donde se desempeñó como directora de Programas Presenciales de Educación desde 2012 hasta 2015.

Actualmente, es responsable de *webinars* de educación continua para Latinoamérica, y, desde 2014, cocoordina, junto a Damián Goldvarg, grupos de certificación en Mentor Coaching.

Como socia del Goldvarg Consulting Group, que tiene sede en Los Ángeles, California, colaboró en la coordinación de grupos de desarrollo personal dictados por el doctor Damián Goldvarg (MCC), Ariel Goldvarg (PCC) y Patricia Osorio (PCC).

Participó de la Conferencia Internacional de Coaching de Las Vegas, en 2011, y coordinó un taller sobre "Las 11 competencias clave de la ICF", dictado en la Conferencia de Coaching Regional de Chile, en 2011.

Se desempeñó como coach organizacional en varias empresas: Instituto Tecnológico Argentino, Fundación Tobías (organismo pedagógico integral), YPF, Ortopedia Alemana y PAMI.

Fue miembro de la UCGP (Unidad de Contralor de Geriátricos Privados y Públicos), y trabajó como asesora organizacional para el personal jerárquico y en la capacitación del personal del Hospital Rawson, el Instituto Martín Rodríguez y el Instituto Viamonte.

Ocupó cargos como coordinadora docente de Salud Mental de grado y de posgrado en la Facultad de Medicina de la Universidad de Buenos Aires.

Fue miembro de la comisión directiva de varias instituciones vinculadas a la salud mental, como la Asociación de Psicólogos de Buenos Aires, la Asociación de Psiquiatría Social Argentina, la Asociación Médica Argentina y la Asociación para la Prevención del VIH/SIDA.

Participó y presentó trabajos en congresos de nivel nacional e internacional, donde además coordinó cursos, mesas redondas y *workshops.*

Organizó y coordinó ateneos auspiciados por la revista *Claves en psicoanálisis y medicina hacia la interdisciplina*, de la que fue codirectora.

Escribió numerosos artículos y colaboró en varios libros.

Colaboradores

Casos 1 y 2

Concepción Caparrós, PCC. Caracas, Venezuela.
Coordinadora del equipo de los casos 1 y 2. Coach ejecutivo y de equipos, psicóloga especializada en desarrollo organizacional y psicoterapia breve. Miembro fundador de la Comunidad Venezolana para el Coaching Profesional (COVECOP). Certificada en coaching de equipo y como mentor coach. Directora del Capítulo ICF Venezuela.

Susie Warman, PCC. Ciudad de México, México.
Obtuvo una maestría en coaching. Actualmente es coach ejecutiva y organizacional, consultora en liderazgo, y entrena equipos de alto desempeño. Fundadora de Blue Wing Coaching®, firma consultora en desarrollo de liderazgo y coaching ejecutivo. Es socióloga y obtuvo su maestría y doctorado en Historia, especializándose en Educación en la Universidad de Minnesota.

Matilde E. Leal, ACC. Caracas, Venezuela.
Es licenciada en Administración, coach ontológico, coach organizacional, coach de equipos y directora de MYL Consultores. Directora académica y mentor coach de la Certificación Internacional en Coaching Organizacional (CICO), y de la Certificación Internacional en Coaching Integrado de Equipos (CICIE). Presidente del Capítulo ICF Venezuela desde 2013, y consejera consultiva de la Asociación de Naciones Unidas en Venezuela (ANUV).

Carlos A. Flores Torres, ACC. Ciudad de México, México.
Coach organizacional, mentor coach certificado, director de NewPath Consulting SA de CV y director de credenciales y programas acreditados para el Capítulo ICF México desde 2015. Acreditado como *professional project manager*. Tuvo a cargo equipos multidisciplinarios y multiculturales en diferentes industrias (agua, energía, dispositivos médicos).

Mary Carmen Castro, MCC. Ciudad de México, México.
Directora en COTAN, empresarial y vida. Coach ejecutivo, de equipos, tanatológico y de vida. Certificada como mentor coach. Directora e instructora de la Certificación en Coaching Multidimensional (ACTP), Coaching para la Transformación y el Cambio (ASCTH) y Coaching Tanatológico y Vida, en Colombia, Guatemala y México. Autora de ocho libros de coaching y tanatología.

Caso 3

Teresa Estremadoyro, PCC. Miami, Estados Unidos.

Coordinadora del equipo Caso 3. Coach Ejecutiva de Coachville; mentor coach certificada; facilitadora en Walking Your Talk, entrenadora certificada en Points Of You y Coach Cross Cultural, donde trabaja con ejecutivos y familias que están fuera de sus países.

Alicia María Agüero, MCC. Córdoba, Argentina.

Mentor coach y directora de AyT Coaching Organizacional (ACTP). Especialista en programas de coaching personal y organizacional en Argentina, Costa Rica, México y otros países de Latinoamérica.

Tani Sturich, MCC. Córdoba, Argentina.

Mentor coach certificada y directora de AyT Coaching Organizacional (ACTP). Especialista en programas organizacionales de coaching, educación, deporte y recreación en diferentes países de Centroamérica, España y la Argentina.

Laura Zuvanic, PCC. Buenos Aries, Argentina.

Historiadora (UBA), máster en Relaciones Internacionales (FLACSO) y especialista en Recursos Humanos (IDEA). Coach, mentor coach y líder de ICF-LATAM. Prestó servicios para varias empresas multinacionales en dieciocho países de Latinoamérica y España. Es referente en el campo de reforma de políticas públicas sobre Recursos Humanos para América Latina y autora de varias publicaciones incluidas en libros y revistas científicas nacionales e internacionales.

Caso 4

Cristina Oneto, MCC. Buenos Aires, Argentina.

Coordinadora del equipo Caso 4. Mentor coach certificada, directora de TALENTUM® CP (ACTH), y coach ontológica (Newfield). Es, además, terapeuta bioenergética y sistémica, *speaker* sobre coaching del potencial y *wellness*, y licenciada en Administración de Empresas (UCA). Tiene un MBA en Recursos Humanos (USAL) y un posgrado ejecutivo sobre la misma materia (IAE). Trabaja integrando cuerpo y mente en quince países, y a esto le suma su tarea como docente y la autoría del libro *Talentum.*

Viviana Autran, PCC. Buenos Aires, Argentina.

Docente de Psicología Social, psicodramatista y coach ontológica. Mentor coach certificada, consultora en Programación Neurolingüística y fundadora y directora de Vertit Consultores, facilitadores en desarrollo humano y educación. Es, además, socia Fundadora del capítulo argentino de la ICF.

Nancy Tylim, pcc. Los Ángeles, Estados Unidos.
Doctora en Psicología, mentor coach certificada, facilitadora en programas de inclusión y diversidad e inteligencia emocional, mediadora en conflictos culturales, y coach ejecutiva en el Center for Creative Leadership, que tiene un interés particular en aculturación y adaptación de empleados en empresas globales.

Maria Alaña, acc. Bilbao, España.
Licenciada en Ciencias Económicas y Empresariales, mentor coach certificada, *master trainer* en Programación Neurolingüística, coordinadora para España y Latinoamérica de procesos de coaching entre pares certificados por la icf y coach ejecutiva en el Centro Médico Zuhaizpe.

Entrevistas

Mentor coach entrevistado	Entrevistador
Damián Goldvarg, mcc	Laura Zuvanic
Norma Perel de Goldvarg, pcc	Laura Zuvanic
Tani Sturich, mcc	Laura Zuvanic
Alicia Agüero, mcc	Laura Zuvanic
Elena Espinal, mcc	Laura Zuvanic
Cecilia Cosamalon, pcc	Cristina Oneto
Alicia Bolton, pcc	Cristina Oneto
Illary Quinteros, mcc	Cristina Oneto, Viviana Autran
Diana Aizen, pcc	Concepción Caparrós
Susie Warman, pcc	Concepción Caparrós
Lidia Muradep, mcc	Concepción Caparrós
Silvia Guarneri, mcc	Alicia Agüero
Ariel Goldvarg, pcc	Tani Sturich
Cristina Pietrantuoni, pcc	Tani Sturich